本书由"海盐县政协文教卫体与文史委员会"资助出版

中社 地方智库报告
智库 Local Think Tank

改革协同推进 城乡融合发展
——乡村振兴的海盐模式

方忠明 朱铭佳
著

中国社会科学出版社

图书在版编目(CIP)数据

改革协同推进　城乡融合发展：乡村振兴的海盐模式／方忠明，朱铭佳著 . —北京：中国社会科学出版社，2018.12
（地方智库报告）
ISBN 978－7－5203－3738－0

Ⅰ.①改…　Ⅱ.①方…②朱…　Ⅲ.①农村—社会主义建设—研究—海盐县　Ⅳ.①F327.554

中国版本图书馆 CIP 数据核字（2018）第 279855 号

出 版 人	赵剑英
项目统筹	王　茵
责任编辑	黄　晗
责任校对	闫　萃
责任印制	王　超

出　　版	中国社会科学出版社
社　　址	北京鼓楼西大街甲 158 号
邮　　编	100720
网　　址	http://www.csspw.cn
发 行 部	010－84083685
门 市 部	010－84029450
经　　销	新华书店及其他书店

印刷装订	环球东方（北京）印务有限公司
版　　次	2018 年 12 月第 1 版
印　　次	2018 年 12 月第 1 次印刷

开　　本	787×1092　1/16
印　　张	10.5
字　　数	96 千字
定　　价	50.00 元

凡购买中国社会科学出版社图书，如有质量问题请与本社营销中心联系调换
电话：010－84083683
版权所有　侵权必究

引 言

2006年,时任浙江省委书记习近平同志在海盐视察工作时,对海盐提出了当好"三个示范"的殷切期望,即"在提高县域经济实力上当好示范、在建设社会主义新农村上当好示范、在党的先进性建设上当好示范"。

十多年来,海盐时刻铭记习近平总书记的嘱托,始终秉承"大气如海,淳朴似盐"的底色,以埋首实干的务实、点滴积累的毅力、聚盐成塔的精神,积极推进统筹城乡新农村建设,先后被列为全国农村综合改革示范试点县、全国第二批农村改革试验区、国家新型城镇化综合试点地区、全国美丽乡村标准化试点县、全国农村土地承包经营权抵押贷款试点县、浙江省唯一的基本公共服务均等化试点县。

2017年,党的十九大做出"中国特色社会主义进入新时代"的重大判断,提出实施"乡村振兴"的重大战略，并确立了乡村振兴20字的总要求。即实施乡村振兴战略，要按照产业兴旺、生态宜居、乡风文明、治理有效、生活富裕的总要求，让农业成为有奔头的产业，让农民成为有吸引力的职业，让农村成为安居乐业的美丽家园。

当前，全国各地部署落实乡村振兴如火如荼，各地已经成功地摸索出了众多乡村振兴的成功典型和案例。如以浙江安吉、德清为代表的"休闲乡村旅游模式"；以一产带动三产的贵州湄潭模式，等等。模式可以有多种多样，关键是要看这种模式是否适合本地的实际，如何结合自身的资源禀赋，依据自己的"脚"，找到适合自己的"鞋"。

经过十多年的摸索实践，海盐县逐步探寻到了一条以工业化带动城镇化，以城镇化整合农村生产力要素，推进工业反哺农业、城市支持农村，实现农业强、农村美、农民富的振兴乡村的新路子。

海盐做法的最大特点是：充分尊重农民的主体地位和意愿，以时间换空间，推进农村人口的城镇化和农村居民的市民化；充分激发农村改革的内源性动力，不简单地依托公共财政，进而农民可接受、政府可承受、工作可持续；充分利用多项改革的叠加效应，在横向和纵向两个维度，打通了农村改革的脉络，不仅实现了城乡要素的自由流动和优化配置，让农民的权益最大化，还兼顾了政府行为的公平与效率，打好了"有形之手"和"无形之手"的"组合拳"，实现了城乡协调、融合、共享发展。

2017年，海盐农村居民可支配收入达到32117元，城乡收入比达到1.69∶1。海盐的城乡发展进入到一个更高水平融合的新阶段。

海盐的乡村振兴模式是一种典型的二产带动进而促进一、二、三产融合发展的新模式，具有前瞻性、科学性、系统性、可操作性和可复制性，适合工业经济发达、农村劳动力大幅转移的地区；在长三角、珠三角、闽三角和环渤海湾地带有很好的参考和复制价值。

本书客观回顾了海盐自2006年以来在破解"三农"问题中所做的探索和实践，系统地疏理了近十多年海盐农村改革的思路和经验，十分详细地总结出各个重要改革环节中的工作模式和工作路径，并开创性地为这个模式制定了一个国家级评价标准和25项地方标准，供专家学者研究，也供全国同类地区参考、借鉴。

由于水平有限，书中难免存在疏误或不当之处，敬请相关领域领导、专家以及各界读者批评指正。

目 录

概述 海盐乡村振兴的基础与思路 …………………（1）
    一 基本概况 ……………………………………………（1）
    二 海盐农业农村面临的新问题 …………………………（2）
    三 海盐的思路和对策 …………………………………（4）

第一章 改革协同推进：海盐乡村振兴的三大法宝 …………（8）
    一 产权改革找突破，强化乡村振兴
       制度供给 ……………………………………………（8）
    二 土地整治引动力，优化城乡土地
       要素配置 …………………………………………（13）
    三 多规合一绘蓝图，着力促进城乡
       融合发展 …………………………………………（18）

第二章 产业融合促提升：共促发展可持续 ……（22）
    一 发展绿色优质农业产业 ……………………………（22）

二　发展特色优势工业产业 …………………（25）
　　三　加快"接二连三"产业融合 ……………（26）

第三章　全域美丽建花园：共圆农村宜居梦 ……（31）
　　一　建设宜居宜业滨海新城 …………………（32）
　　二　建设城乡一体化新社区 …………………（33）
　　三　建设见山望水美丽乡村 …………………（35）

第四章　春风化雨树新风：共建文明示范地 ……（43）
　　一　弘扬中华传统美德 ………………………（43）
　　二　传承发展优秀文化 ………………………（45）
　　三　移风易俗、破旧立新 ……………………（47）

第五章　精准施策增收入：共享富裕好生活 ……（51）
　　一　加快转移就业 ……………………………（51）
　　二　拓宽增收渠道 ……………………………（53）
　　三　政策支农惠农 ……………………………（55）

第六章　党建引领强治理：共创平安新家园 ……（61）
　　一　坚持密切联系群众制度 …………………（61）
　　二　坚持"三社联动"治理支撑 ……………（63）
　　三　坚持"法治、德治、自治"并举 ………（65）

第七章　打造乡村振兴示范地：海盐再出发……（70）

附录一　海盐县就地城镇化系列标准目录………（75）
附录二　就地城镇化评价指标体系……………（77）
附录三　农村村庄规划布局 ……………………（98）
附录四　农村土地承包经营权流转
　　　　管理规范 ……………………………（106）
附录五　村级组织建设规范 ……………………（150）

概述　海盐乡村振兴的基础与思路

一　基本概况

海盐置县于秦，因"海滨广斥、盐田相望"而得名。海盐地处沪、杭、苏、甬四大城市区位中心，素有"鱼米之乡、丝绸之府、文化之邦、旅游之地、核电之城"之美誉。县域总面积1072.63平方公里，其中陆地面积584.96平方公里，全县辖5镇4街道，104个行政村，户籍人口38.1万人，常住人口50万人，全县土地承包总面积32.55万亩，土地承包经营户7.1万户。2017年全县实现生产总值460.1亿元，财政总收入71.16亿元，其中公共财政预算收入40.65亿元。全县城镇居民人均可支配收入54633元，农村居民人均纯收入32177元，城乡居民收入比1.69∶1，城镇化率为57.6%，领先于全国平均水平。

二 海盐农业农村面临的新问题

1978年12月，党的十一届三中全会拉开了中国农村改革的序幕。沐浴着中国改革开放的春风，海盐县于1983年实施了"家庭联产承包"责任制，农村生产力得到全面解放，不仅迅速解决了农村的温饱问题，还带来了乡镇企业的蓬勃发展和民营经济的异军突起。自此，海盐县开启了工业化和城镇化的进程，整个农村的面貌发生了翻天覆地的变化。

1985年，工业生产总值超过农业生产总值；1995年，第三产业生产总值超越农业生产总值；海盐县开始进入工业化中期、城镇化快速推进期和现代农业初步形成期。

与此同时，海盐县的农业和农村又面临着新的问题，突出地表现在：

一是农业的发展定位问题。海盐县地处长三角腹地，随着工业化和城市化的发展，农村劳动力大量向第二、第三产业转移，农业已成为农村劳动力的"副业"，从业人员严重老龄化。与此同时，劳动力成本越来越高，传统的家庭联产承包责任制下的小规模分散经营模式显然已经不能适应生产力发展的新要求（如图0-1）。

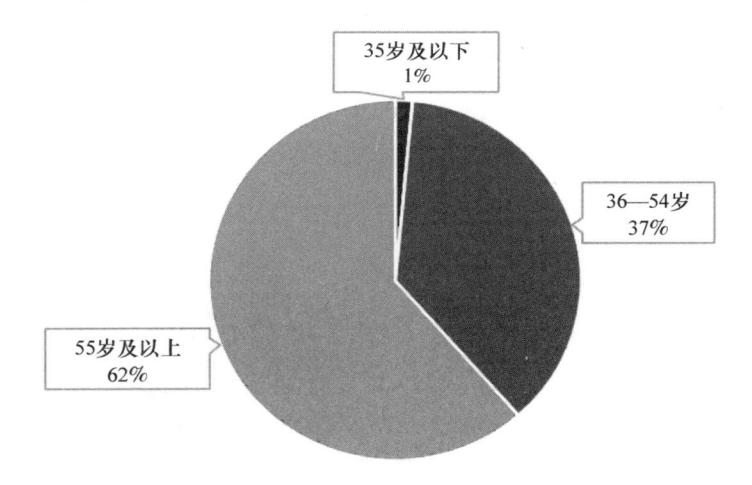

图 0-1　2017 年海盐农业从业人员年龄结构情况

资料来源：海盐县统计局。

二是农村的发展方向问题。长期以来，海盐农民住房依承包地而建，村庄建设极度分散，全县近 8 万户农户散居在 3953 个自然村里。随着人民生活条件的日益改善，老百姓迫切地需要改善生存环境提高生活质量。为满足广大人民群众对美好生活的向往，县、镇两级政府也试图将大量的公共产品布局到农村，但是，过于分散的居住状况严重阻碍了这一进程，公共财政的配置效率非常低下，更是难以承受。

三是农民的持续增收问题。海盐的农民收入在 20 世纪 80 年代初进入一个起步期，90 年代中后期进入一个快速增长期。这一时期，海盐县农民收入的增长主要依托于工资性收入的增长。2000 年以后，海盐的经济社会开始加速转型，社会财富的增长开始出现新的分化。2010年，海盐农民收入增长速度开始减缓，农民增收开始遭遇结构性瓶颈（如图0-2）。

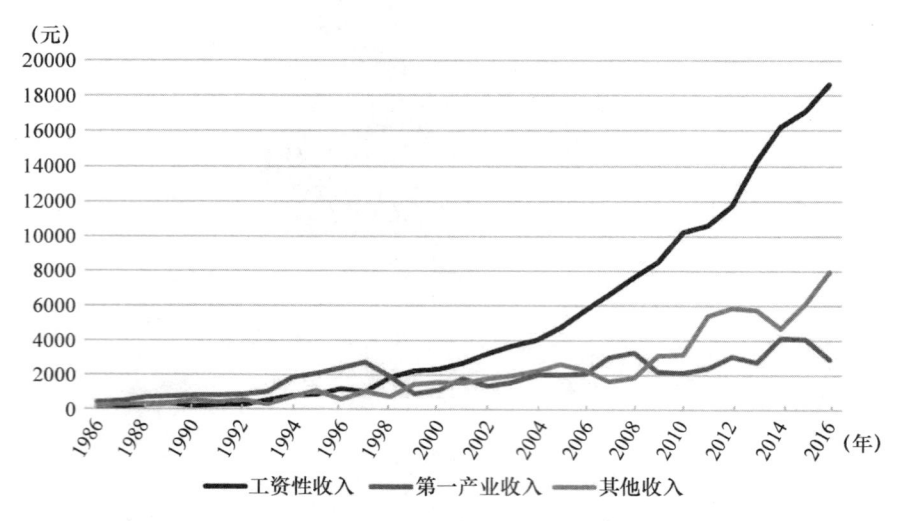

图0-2 1985—2016年海盐县农民收入情况

资料来源：海盐县统计局。

三 海盐的思路和对策

在农业的发展模式上，基于海盐的区位特征和日趋增高的劳动力成本，海盐农业应定位于发展都市型农业。充分挖掘农业的生态功能和农耕文化功能，在一、二、三产融合上做文章；依靠科技和投入提高单位面积产出能力，以规模化克服农业比较效益低的先天弱势。相应的对策是：实施土地流转规模经营，培育新型农业经营主体，推进农业产业化发展。

在农村的发展方向上，应着力推进城乡基本公共服务均等化。用足用好农村土地整治和城乡建设用地增减挂钩政策，节约集约用地，时间换空间推进村庄的适度集聚和适度保留。相应的对策是：科学规划，建设农村新社区和美丽乡村。

在解决农民的持续增收上，在一产增收有限的前提下，积极拓展农民收入增长新途径，培育发展高效农业，转型发展新型工业，加快发展现代服务业。相应的对策是：深化农村产权改革，推进新型城镇化。

海盐县委、县政府在全域经济社会发展上谋划，整合县域劳动力、土地、资本、制度和创新五大城乡要素，打出了一系列的组合拳，顶层设计农村改革。具体的思路和做法是：以"多规合一"为引领，围绕生产、生活、生态，全县域统筹谋划，推进城乡一体化；以工业化吸收农村劳动力，推进农村人口就业方式的城镇化；以农村产权制度改革为突破口，打破城乡的制度樊篱，实现农村人口生活方式的城镇化；以农村土地整治为平台，通过集约、节约用地，凝聚起推进农村改革的强大动力，实现工业反哺农业、城市支持农村；以土地流转促进农业的规模经营，培育新型农业主体，化自然人农业为法人农业，促进了现代农业的快速形成；以基本公共服务均等化推进城乡一体化，促进了城乡融合发展；以提升基层组织力为重点，切实加强党的基层组织建设，为改革提供坚强的组织保障（见表0-1）。

6 改革协同推进 城乡融合发展

表 0-1　　　　　　　　　　　海盐县城乡要素整合

要素	主要做法	具体做法与成效
劳动力	充分就业社区（村）	2012年年底，行政村（农村社区）全部创建和复评成功，创建率100%
	农村劳务合作社	建立农村劳务合作社；鼓励农村劳务合作社吸纳农村就业困难人员、购买有关商业保险
	农村劳动力技能培训	开展农村实用人才培训及农村劳动力转移培训，培养农村高技能人才和创业人才
土地	土地整治与农村建设融合	尊重搬迁农户意愿，制定差别化补助政策，安置搬迁农户
	城乡建设用地增减挂钩指标调配	合理安排二、三产用地比例，提高土地整治项目挂钩指标的收益
	涉农项目资金统筹使用	建立农村土地综合整治工作统筹协调机构，协调引导各部门优先安排涉农项目向土地综合整治所在区域倾斜
	农村土地有序流转	成立全省首家县级农村土地流转和产权交易服务中心，组建各镇（街道）服务分中心和村（社区）服务站，实现土地流转三级服务网络全覆盖
资本	"农钻通"	推出以农村土地承包经营权为抵押品，用于农地流转
	"农宅通"	针对农房产权抵押的专项贷款，扩大农户可抵押担保范围
	"农股通"	开展农村集体产权股份合作制改革，推出"农股通"村（社区）股份经济合作社股权质押贷款专项贷款
	党群一体贷	首创并推广农村党员创业贷款项目，推出就业扶持贴息贷款，帮助城乡失业失地人员、退伍军人、返乡大学生、残疾人等创业
	"强村惠农贷"	配套出台"强村惠农"专项贷款，提高村级集体经济融资能力
	家庭农场贷	出台家庭农场信用评定办法、贷款管理办法和农民专业合作社信用评定办法等意见，促进银农合作

续表

要素	主要做法	具体做法与成效
制度	"第一书记"	创新"第一书记"制度,推动基层基础建设,发展壮大村级集体经济
	农村改革实施方案	《2015年度海盐县深化农村改革实施方案》要求以就地城镇化为统领,全面深化农村集体产权股份合作制改革
创新	科学技术	研究与试验发展经费(R&D)资金投入不断增长,高新技术企业与专利发明数量不断增多
	教育事业	九年义务教育对象入学率100%;初中、高中毕业生的升学率分别为99.12%和70.49%;输送高职学生(单考单招)669人,全县共有8498人参加各类学历教育和非学历教育证书的自学考试
	创新驱动战略	推进科技城项目和科技服务平台建设;实施"科技支撑伙伴计划";推进创业创新领军人才引进计划和重点创业创新团队遴选计划

资料来源:海盐县就地城镇化办公室。

第一章 改革协同推进：海盐乡村振兴的三大法宝

在实施"千万工程"（千村示范、万村整治）、建设社会主义新农村中，面对人口快速流动带来的错综复杂的城乡关系需要调整、日益恶化的人居环境需要改善、农民增收的发展瓶颈需要突破，海盐"摸着石头过河"，经过十多年的探索实践，终于找到了推进乡村振兴的三个重要法宝——多规合一、农村产权制度改革、农村土地综合整治，在改革的协同推进下，加速了工业化、信息化、城镇化、农业现代化"四化同步"的进程。

一 产权改革找突破，强化乡村振兴制度供给

改革开放初期，海盐农业农村的发展主要依托工

业平台，以乡村工业化促进农村劳动力就业，提高农村家庭收入。经过30多年的发展，海盐三次产业的结构也逐步发生深刻变化（如图1-1、图1-2）。

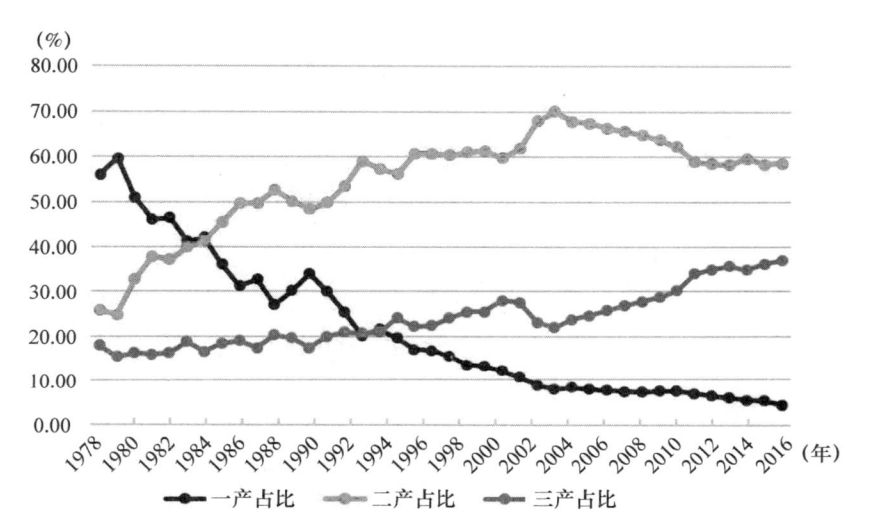

图1-1　1978—2017年海盐县三次产业结构变化情况

资料来源：海盐县统计局。

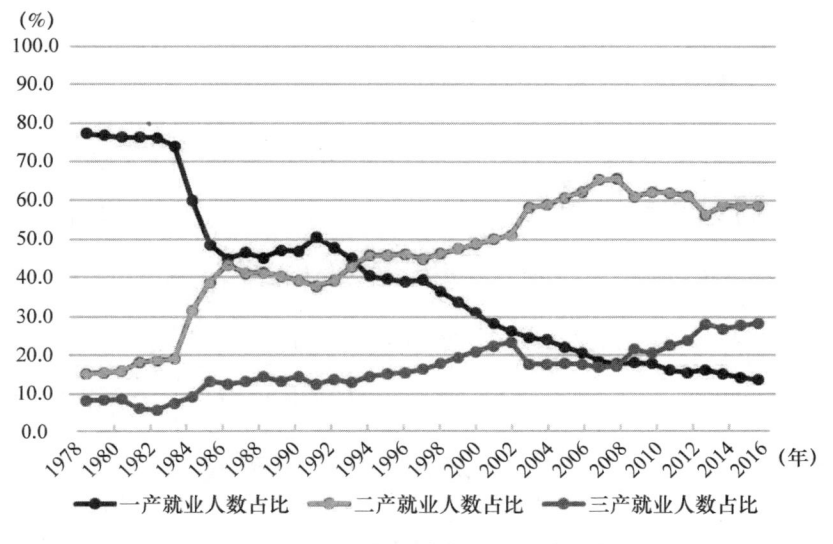

图1-2　1978—2017年三次产业就业人员变化情况

资料来源：海盐县统计局。

从2002年开始,第一产业GDP在三次产业中所占的比重下降到10%以内;第二产业GDP比重在经历了30多年的持续增长后也开始显著下降;第三产业的GDP比重开始迅速抬升。随着产业结构的变化,就业人员在三次产业中的分布也发生了改变。在总体趋势上,一产就业人数不断下降,至目前的约13%;二产就业人数则迅速壮大,从1978年的15%提升到现在的58%;三产就业人数也保持了稳步增长势头,从1978年的8%提升至28%。也就是说,1978年以来将近63%的农村人口已经向二、三产转移就业,然而他们仍旧居住生活在农村,农村的生态环境依然是脏乱差,农业生产依旧是分散经营,甚至出现部分季节性抛荒。是什么样的强大力量拴住了农民,让其不愿意离开农村?

长期以来,土地是农民重要的经济生活来源,成为农民赖以生存的根本。农民在转移就业的同时,始终惦记着家里的房子、承包地。同时,农村集体所有制经济,虽然每个农民所占有的份额并不大,但也时刻牵动着农民的心。这些无形的绳子牢牢地拴住了农民,限制了农村人口的流动。因此,推进农民向城镇转移的核心问题是农民能不能带着产权进城。而解决农民的"带权"问题,确权是最基础最根本的前提,农民拿到了权证,如何发挥权证的价值,由"权"向

"钱"转化,又是最终的目标。海盐找到了这把"金钥匙",以产权制度改革为突破口,通过"确权、赋权、活权",赋予农民"三权"(农村土地承包经营权、农村宅基地使用权和农村集体经济股权)完整的权能,解除土地对农民的束缚,促进了农村人口与产权的市场化流动,同时,也推动了村级集体经济的发展和农民财产性收入的增长,最终向农村资产资本化、资源配置市场化、城乡发展一体化的目标迈进(如图1-3)。

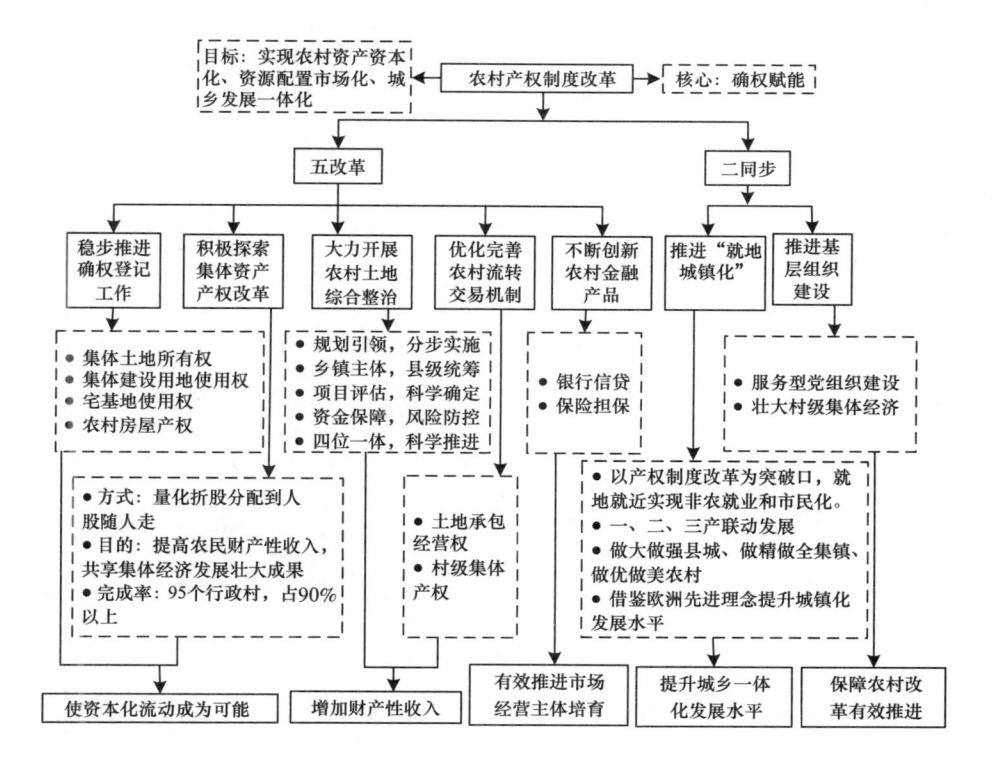

图1-3 农村产权制度改革工作模型

资料来源:海盐县就地城镇化办公室。

以"确权、赋权、活权"为工作核心,全力实施"五改革"和"二同步"。

一是确权。海盐县在"二轮"土地承包经营权发证到户率100%的基础上,根据中央、省统一部署,继续深化农村土地承包经营权确权登记颁证,实现"权属合法、确权精准、登记完整、权证适用、信息化管理"。2011年,全面开展村级集体资产股份制改革。2015年,全面完成全县105个村(当时是105个村)的集体资产股份制改革,同时建立和完善了村党组织领导下的村民委员会、股份经济合作社、村务监督委员会各司其职的农村基层治理体系。2014年,海盐县在嘉兴市最早大规模开展集体土地范围内农房登记发证工作。目前,已完成全县近6万户的农房外业测绘,制发农房权证3.77万本。

二是赋权。2009年,海盐县在全省率先建立起县、镇(街道)、村(社区)三级农村土地流转和产权交易服务平台,探索农村承包土地"三权分置"改革;出台《海盐县流转土地的经营权抵押办法》政策,首创"农钻通"农村土地经营权抵押贷款。2014年,在村级集体经济股份制改革和农村房屋所有权、农村宅基地确权的基础上,出台《海盐县农村集体股权质押办法》和《海盐县农房抵押办法》,创新出台"农股通"和"农宅通"贷款产品,最早在全省实现了农民"三权"金融产品的全覆盖。目前，全县农村"三权"抵押、质押金融产品累计放贷10.9亿元。

三是活权。为了确保农村土地流转工作的健康有序推进，海盐县建立了农村土地流转风险保障金制度，目前风险保障金的总规模达4817万元；同时，为了调动金融机构积极性，促进农村"三权"金融贷款的有序发放，2016年，海盐县政府注资3000万元，在全国首创成立针对农民"三权"贷款的银行风险保障基金——"三权"基金，用以补偿全县金融机构因"三权"贷款发生风险引起的损失。

二 土地整治引动力，优化城乡土地要素配置

农村人口转移就业实现了，土地束缚"权"随人走的问题也解决了，那么农村人口又该往哪里走呢？走了之后农业将如何发展？农村又将如何建设？这三个新问题又摆到了眼前。如果海盐近63%的农村人口全部流向海盐县城或周边城市，这个数量级将大大超过城市的承载能力，给城市正常运行带来沉重压力，造成通常所说的"城市病"。而且，农民向城市转移，其城市化的成本将大大增加，仅购买住房一项，就会令许多农民望而却步。而如果流向海盐的各镇（街

道），依托镇（街道）发达的工业平台和承载能力，形成大分散小集中，不失为一个折中而又具备良好产业基础的办法，这是第一个问题的解决思路。那么第二个问题，农业该如何发展呢？随着农村劳动力大量向二、三产转移，农业生产严重老龄化。同时，农业生产比较效益低下，劳动力成本在农业生产成本中的占比越来越高，家庭联产承包制下的分散经营模式显然已经不能适应生产力发展的新要求（如图1-4）。

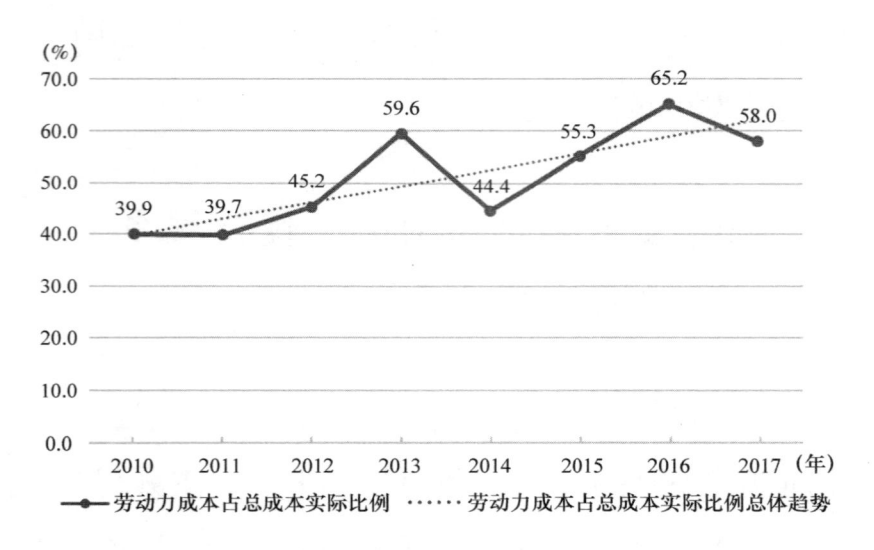

图1-4 海盐县某蔬菜基地劳动力成本占总成本比例

资料来源：海盐县就地城镇化办公室。

海盐农业需要一个新的发展定位，需要一个新的发展方向来支撑这个定位，那就是土地流转和规模化经营，培育和发展三大新型农业经营主体（农业龙头企业、农民专业合作社、家庭农场），依托农村产权制度改革，推进农村土地承包经营权的"三权分置"，通过节约集约农业生产，从而降低农业生产的综合成本，最终实现农业发展方式的转变，也彻底改变了农民的生产方式。农村又该怎么建设？由于历史原因，海盐农民因生产需要和生活习惯，在建造农房时往往会考虑临近自家承包地，因此每家每户的农房间隔较远，分布零散；而且普遍以户为单位独立建造庭院式的住房，前房后圈，占地面积较多。2008年以前，海盐全县近7万户农户散居在3953个自然村，户均占地1.15亩，严重浪费了集体建设用地资源。同时，过于分散的居住状况，使公共财政的配置效率非常低下，财政供给总成本也变得很高。要想改变这样的农村现状，必须加快推进新农村建设，把农民居住集聚到一起，建设城乡一体的新市镇、新社区，从而彻底改变农民的生活方式。那么有人会说这不是赶农民进城？农民不愿意离开世居地搬到新农村怎么办？而海盐的实际是，由于农村产权制度改革和各镇（街道）产业园区平台的建设，加上现存的农房大都始建于20世纪八九十年代，危旧房现象普遍，农民渴望搬迁到城乡一体新社区，过上更加幸福的生活。当然，也有部分不适宜搬迁的自然村落，我们可以依托原始的村庄风貌推进美丽乡村建设，加快一产与三产的融合发展。以上三个问题归纳起来，就是推进农业农村的"三集中",即第二、第三产业向镇(街道)园区集中、农民居住向城乡一体新社区集中、现代农业向规模化经营集中。

但是,我们发现要实现"三个集中",仍然有很大的阻力。镇(街道)工业园区平台发展需要建设用地,城乡一体新社区建造需要建设用地,现代农业规模化经营需要集中连片的农业用地。显然,"三个集中"发展的主要矛盾就是土地的有效利用问题。因此,我们迫切需要通过土地综合整治以盘活土地资源、提高土地利用效率,为产业发展、农房集聚、土地规模经营等提供保障。根据测算,通过土地整治和农房搬迁,农房占地可以从原有的1.15亩/户控制到0.5亩/户,而节约出来的指标,通过城乡建设用地指标增减挂钩政策和土地级差效应,可以满足第二、第三产业的建设需求,原有的农房搬迁后通过土地复垦也可以形成集中连片的农业生产用地。

土地整治平台,可以实现农民、产业和政府三方共赢的局面。一是农民的进城成本可以大大降低,农民搬进城乡一体新社区的成本大大低于购买城市商品房;二是工农业发展有了土地保障,依托城乡的土地级差,工业可以更低的成本起步发展,农业可以更加集约高效;三是政府通过盘活土地资源可以大大减少财政投入,为推动乡村振兴注入强大的动力(如图1-5)。

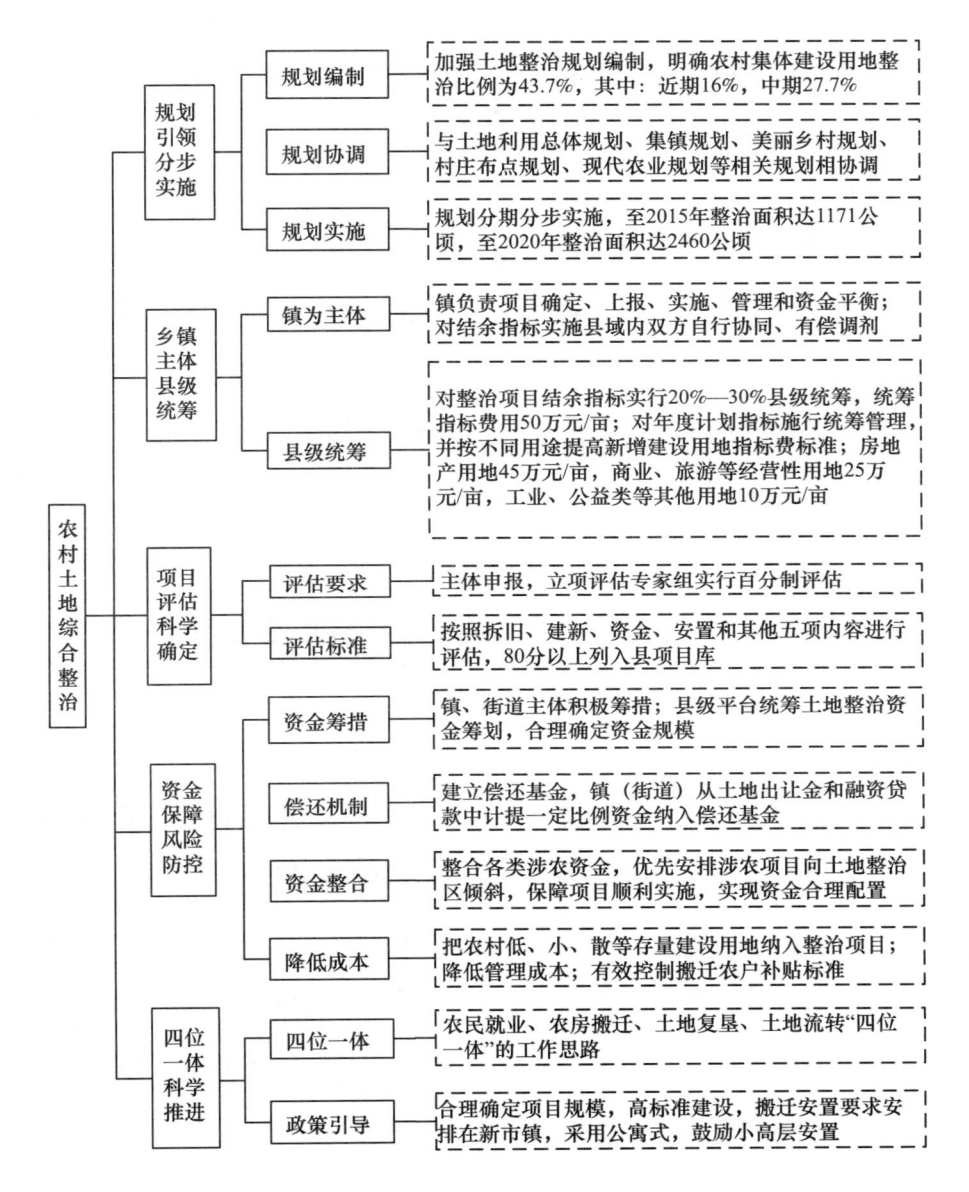

第一章 改革协同推进：海盐乡村振兴的三大法宝

农村土地综合整治	规划引领分步实施	规划编制	加强土地整治规划编制，明确农村集体建设用地整治比例为43.7%，其中：近期16%，中期27.7%
		规划协调	与土地利用总体规划、集镇规划、美丽乡村规划、村庄布点规划、现代农业规划等相关规划相协调
		规划实施	规划分期分步实施，至2015年整治面积达1171公顷，至2020年整治面积达2460公顷
	乡镇主体县级统筹	镇为主体	镇负责项目确定、上报、实施、管理和资金平衡；对结余指标实施县域内双方自行协同、有偿调剂
		县级统筹	对整治项目结余指标实行20%—30%县级统筹，统筹指标费用50万元/亩；对年度计划指标施行统筹管理，并按不同用途提高新增建设用地指标费标准；房地产用地45万元/亩，商业、旅游等经营性用地25万元/亩，工业、公益类等其他用地10万元/亩
	项目评估科学确定	评估要求	主体申报，立项评估专家组实行百分制评估
		评估标准	按照拆旧、建新、资金、安置和其他五项内容进行评估，80分以上列入县项目库
	资金保障风险防控	资金筹措	镇、街道主体积极筹措；县级平台统筹土地整治资金筹划，合理确定资金规模
		偿还机制	建立偿还基金，镇（街道）从土地出让金和融资贷款中计提一定比例资金纳入偿还基金
		资金整合	整合各类涉农资金，优先安排涉农项目向土地整治区倾斜，保障项目顺利实施，实现资金合理配置
		降低成本	把农村低、小、散等存量建设用地纳入整治项目；降低管理成本；有效控制搬迁农户补贴标准
	四位一体科学推进	四位一体	农民就业、农房搬迁、土地复垦、土地流转"四位一体"的工作思路
		政策引导	合理确定项目规模，高标准建设，搬迁安置要求安排在新市镇，采用公寓式，鼓励小高层安置

图1-5 农村土地综合整治工作模型

资料来源：海盐县就地城镇化办公室。

2009年海盐县以土地整治项目为依托获国家开发银行授信32亿元。2013年，海盐县建立增减挂钩指标交易平台，在嘉兴市首创节余指标调剂方式，第一批193亩统筹指标实现交易费用9662万元，目前调剂交易费用已达1.48亿元。至2017年全县共批准农村土地综合整治项目83个，规划复垦新增耕地14389亩。可置换城乡建设用地增减挂钩周转指标13950亩，批准建新用地16539亩（含存量建设用地2589亩），其中用于农民安置与新农村建设7497亩，用于第二、第三产业9042亩。

三 多规合一绘蓝图，着力促进城乡融合发展

随着农村产权制度改革和土地综合整治工作的不断协同推进，一些新的矛盾又开始渐渐显露。政府的各个部门长期以来因为思考角度的不同，规划自成体系，出现了"规出多门、各行其是、相互打架"的情况，比如新农村建设布点规划符合农民实际需求，但在评审时却因与土地利用规划冲突而不能启动建设。这些规划之间的矛盾严重影响了管理效率，制约了城乡要素的有效配置，妨碍了城乡融合发展。因此，必须坚持推进"多规合一"改革，统一发展目标、统一规划体系、统一规划蓝图、统一基础数据、统一技术标准、统一信息平台和统一管理机制，从全域土地、

空间的集约利用角度出发，借助总体规划编制，建立起一个层次分明、功能互补、衔接协调的空间规划体系，实现城乡建设规划、特色产业规划、现代农业规划、美丽乡村规划等重点规划的相互衔接，叠合形成"一张蓝图"，有效配置土地资源，促进各类要素资源的节约集约利用，做到"城乡一盘棋"。

【案例】土地整治——百步镇得胜村

2009年，海盐县百步镇得胜村列为嘉兴市农村"两分两换"试点村。通过整体计划，土地流转和农房搬迁同步实施，在坚持维护和稳定农户的土地承包关系，按照"依法、自愿、有偿"原则鼓励农民将土地承包经营权流转。通过土地综合整治，得胜村基本实现整村搬迁，现三百多户农户均搬迁进了靠近横港集镇的新社区，实现了"耕地成片、农房集聚、产业集中"的规划目标。

得胜村原有11个承包组，农户369户，人口1334人，村主要经济来源为种植业。2010年3月得胜村正式启动农房搬迁与建设工作，2012年进入土地复垦与开发全面实施阶段，至2012年年底基本完成工程项目，实现土地复垦19.9261公顷，复垦同时完成土地开发整理新增耕地18.0147公顷；合计项目新增耕地

37.9408公顷，其中建成标准化水田35.174公顷，新增耕地标准化率92.7%。

一是优化了城乡空间布局。该整治项目的实施，优化了土地资源在空间上和产业间的配置，把原本分散的十多个自然村落集聚到新社区；户均宅基地由原先的每户1.1亩减少为每户0.49亩，节地率达55%，一期共复垦宅基地299亩，其中用于农户在新农村社区安置约134亩，共腾出土地165亩；腾出土地主要用于工业、城镇建设等项目建设，为农民选择"离开"土地后，从事第二、第三产业创造了有利条件。项目实施中将原本分散、零碎的农田重新进行规划设计，进行大规模开发整治，进一步完善农田水利基础设施。

二是促进了现代农业发展。该项目实施后，形成了近4000亩集中优质农田区域，并已集中规模流转，引入工商资本进行循环生态农业种植与开发，发展前景广阔，实现了农业增效和农民增收。目前得胜村的土地流转率达100%，该村村民可获土地流转收入约800元/亩/年（按照每年国家对550斤稻谷的挂牌收购价作调整）；土地流转以后，以得胜村为代表，该镇还掀起了一股以"家庭农场"形式发展现代生态农业的风潮。得胜村所在百步镇已有注册家庭农场12家，其中采取循环模式发展农业生产的达8家，占比67%。

根据近几年经济指标测算，平均每户每年可增收3000元至5000元。

三是提高了农民保障程度。通过对承包地、宅基地、劳动力三集聚，农户实现养老金、土地流转费、经营收入三大保障，让已"离开"土地的农民，不仅因土地流转多了份收入保障，而且还获得了养老资金保障，可领取养老金300—500元/月［海盐县规定对土地全部、长期（10年以上）流出的农民，在土地流转期间参加城乡居民社会养老保险并按照无地居民缴费标准缴费的，可享受无地居民的参保补贴］；而"离开"了土地依然务农的农民，即农场主得到了经营收入保障。同时，具备丰富务农经验的农民也在农场打工，增加了劳务工资收益。

第二章　产业融合促提升：共促发展可持续

产业兴旺是乡村振兴的基础，也是推进经济建设的首要任务。通过产权改革、土地整治和多规合一的实施，进一步带动了农村劳动力的转移，为规模农业、高效农业、法人农业创造了可能，促进了传统农业向现代农业的转变；进一步优化了农村产业环境，改变了过去"村村点火、户户冒烟"的工业发展散乱格局；进一步推动第一、第二、第三产业集约高效、产业集聚，加速促进了产业融合。

一　发展绿色优质农业产业

编制农业"两区"规划。海盐坚持把农业"两区"建设（粮食功能区和现代农业园区）作为加快转变农业发展方式、推进农业转型升级的主抓手。融合土地整治和利用规划、农业产业发展规划等，整合腾出的土地空间和原有的承包土地，统筹编制现代农业"两区"规划，引导新型农业主体向粮食生产功能区和现代农业园区集中。目前，全县建成粮食生产功能区 376 个，累计建成面积达 17.12 万亩。建成现代农业园区 18 个，面积 10.6 万亩，其中省级现代农业综合区 2 个（湖山现代农业综合区和凤凰现代农业综合区），主导产业示范区 5 个，特色农业精品园 14 个。突出"一区一镇"建设，凤凰产业集聚区累计完成投资 2.3 亿元。

加快农业规模经营。通过土地整治复垦，耕地向集中连片转变，加速了农村土地规模流转，实现农用地的规模化、集约化，为现代农业的发展创造了前提。设立导向、激励、服务、保障四大机制。发挥金融资本在产权流转中的积极作用；通过资金激励和就业激励推动村民积极性；提供各项土地流转服务信息促进土地交易；通过保障机制为村民提供风险保障，从而转变农村居民生活方式，节约集约土地资源，转变生产方式。截至 2017 年年底，全县累计流转土地 21.46 万亩，土地流转率为 67%（如图 2-1）。

积极培育新型农业经营主体。海盐通过工商登记、流转服务等程序，种、养大户等自然人单一农业经营主体转变成为农业企业、农民专业合作社及家庭农场

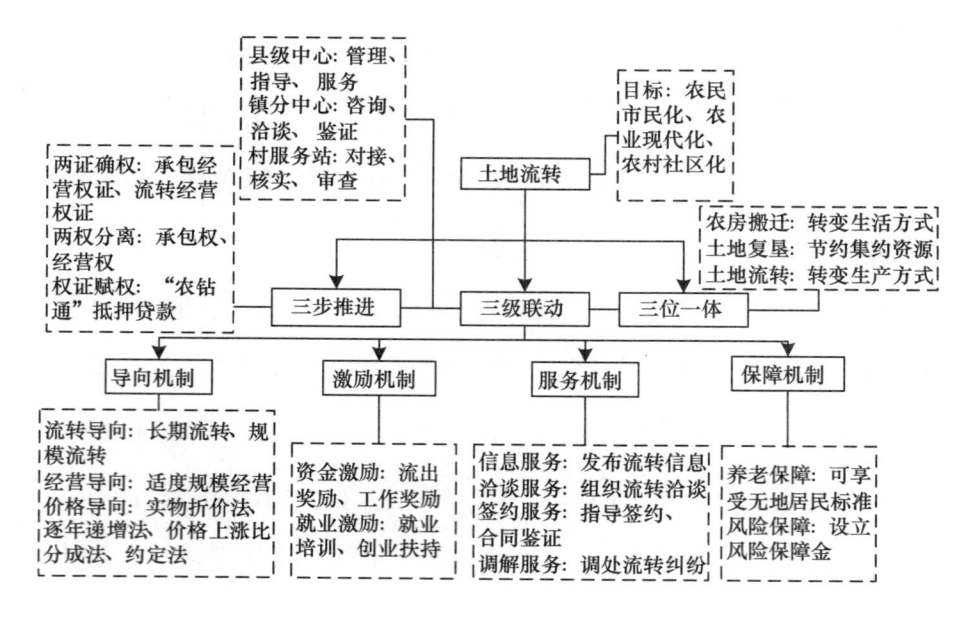

图 2-1 土地流转工作机制完善模式

资料来源：海盐县就地城镇化办公室。

三大核心农业经营主体。目前，全县已拥有农业龙头企业 54 家，农民专业合作社 291 家，家庭农场 597 家。按照规划，海盐县将重点培育 1200 家左右的农业龙头企业、农民专业合作社和家庭农场，以三大农业主体取代家庭农户，以法人农业取代自然人农业，从根本上改变海盐农业的组织方式，消除依附在传统自然人农业上所产生的种种诟病（如图 2-2）。

推动农业产业规范发展。在全国最早制定出《农村土地承包经营权流转管理规范》等 5 项"三权分置"标准，避免了以往可能发生的一些经营风险和流转纠纷，强化了土地流转的风险管控能力。在全国率

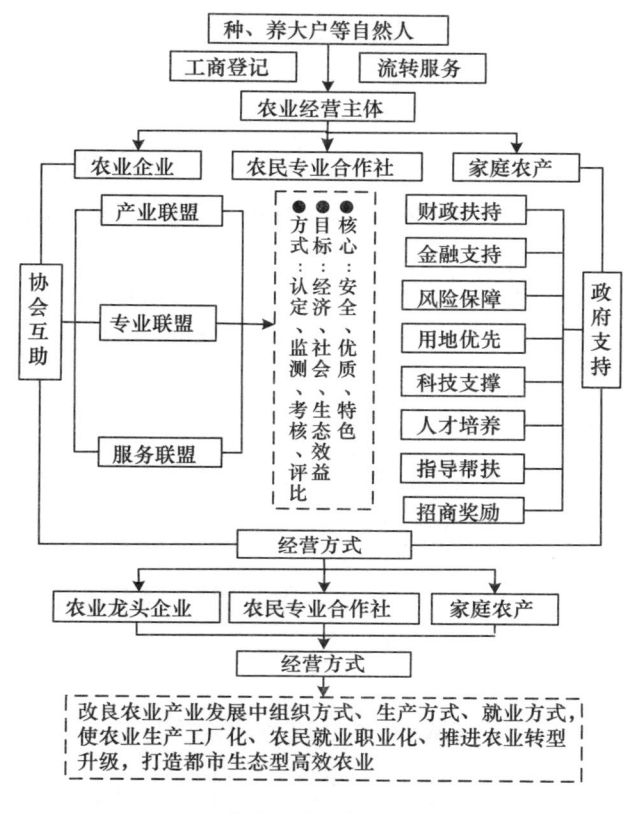

图 2-2 农业经营主体培育发展模型

资料来源：海盐县就地城镇化办公室。

先发布《家庭农场建设与示范性家庭农场评定规范》等标准，规范化、示范性家庭农场达到 332 家，进一步推动了家庭农场经营水平的再升级。

二 发展特色优势工业产业

编制"1+3+X"特色产业规划。就业是实现农村人口城镇化的前提和根本，海盐县依据县域城乡建设规划、特色产业规划，逐步引导农民向新市镇新社区集聚，以良好的第二、第三产业为基础促进农民转移就业。配套打造"1+3+X"[1是指杭州湾大桥新区，3是指3个中心镇工业园区，X是指其他镇（街道）特色产业园区]特色工业平台矩阵。

促进农民向二、三产转移就业。产业发展是农村扩大就业的突破口，海盐牢牢把握沿海地理优势，以"两城两区"为重点平台，打造全县经济发展的沿海产业带，加快推动海洋经济发展。按照"1+3+X"的产业布局以及工业经济转型升级"415工程"，推动新一轮的区块开发和产业发展，提高园区承载、集聚好项目的能力，在抓好紧固件、造纸等四大传统产业转型升级的同时，大力发展生产性服务业，积极引进培育核电关联产业、节能环保产业、临港装备制造业等五大新兴产业。切实推进秦山街道核电关联产业园、开发区欧洲（德国）工业园、武原街道北欧（丹麦）产业园、百步镇中国集成家居产业园建设，努力打造多个产业集群、绿色发展、循环发展的特色平台，为保障农村人口实现就业，提供了强大的产业支撑。

三 加快"接二连三"产业融合

横向拓展农业潜能。充分挖掘和利用农业生态、文化、教育等功能，使休闲农业和乡村旅游成为繁荣农村、富裕农民的新兴支柱产业。深化美丽乡村建设，打造了"南北湖·五味村"精品休闲旅游线，形成省级农家乐特色镇1个，省级农家乐特色村3个，总经营户60余户，全县农家乐旅游人数达457万人次，实现年收入2.9亿元。以全国"互联网+"现代农业工作会议暨新农民创业创新大会精神为导向，加快推进"互联网+"现代农业，高标准推进农村电子商务农村淘宝项目，建成县级运营中心1个，农村淘宝服务点34个，全年帮助村民代买货物8.6万单，实现销售总额2000万元，在全省所有县域位列前五。

纵向延伸产业链。重点围绕生猪、蔬菜等产业打造全产业链，推动农业与第二、第三产业融合，提升农业效益。海盐县生猪产业链被认定为全省首批全产业链，浙江青莲食品公司依托现代互联网技术，形成涵盖生态养殖、透明工厂、肉品加工、冷链物流等生猪产业所有环节，完成从源头到餐桌的产业链布局，成功打造全省首条生猪全产业链，建成全国首家地方猪文博园，推动了生产、加工、文化、旅游的三次产业融合发展，2017年上半年实现产值15.66亿元，同比增长22.4%，2016年被评为全省唯一的全国农村三产融合典型龙头企业。

完善利益联结机制。大力发展新型农业经营主体和服务主体,积极构建"龙头企业+合作社+家庭农场+基地(农户)"的联合体发展模式,推动规模化、标准化、专业化、品牌化发展,有力提升农产品供给质量和水平。嘉兴市万好蔬菜专业合作社通过订单销售模式,成功带动农户23000多户,实现合作社与社员双赢。在发展土地流转规模经营同时,积极发展服务引领型的规模经营,推动形成多元复合、功能互补、配套协作的新型农业经营体系发展格局。

完善农业社会化服务。以政府向经营性服务组织购买农业公益性服务机制创新国家试点为契机,对测土配方、农作物秸秆、病死动物和养殖粪便处理等公共服务以政府购买方式提供,不断提升经营主体由生产向服务转型。如针对病死动物收集上,政府落实专人、配备专车,每日对辖区内病死动物进行收集。2017年,全县共提供机械育插秧服务3.5万亩,烘干服务9.95万吨。积极鼓励各类经营主体开展技术创新、信贷供给、精深加工、品牌营销、连锁配送等,引导现代农业经营主体参与全产业链经营、分享全产业链利益。

【案例】新型农业经营主体——秦山街道万奥农庄

万奥农庄位于秦山芦荟特色产业园区内,这里是华东地区最大的大棚设施芦荟种植基地，农庄是以绿色、生态、环保为目标，以资源有效利用为载体，以科技创新为支撑，以市场化运作为手段，集农业生产深加工与观光旅游为一体的规模集约化生态园区。

生态园区依托嘉兴市芦荟源生物科技有限公司、海盐县秦万芦荟专业合作社、万奥农庄和周边芦荟种植户组成的芦荟产业集群，基本形成了"农业龙头企业＋合作社＋基地＋农户"的新型发展模式，实现了一、二、三产的融合发展。

嘉兴市芦荟源生物科技有限公司成立于2003年，它依托"秦万"牌1600余亩无公害绿色芦荟基地的丰富资源，采用先进的现代生物工程食品加工工艺，将这一药食同源的本草植物生产成"味之园"芦荟系列饮品，销往全国各地。经过十余年的发展，已经发展成为国内芦荟饮品领导企业、省级农业龙头企业。

秦万芦荟专业合作社成立于2000年，以销售芦荟鲜叶为主，产品销往上海、浙江、江苏等地。2017年出售芦荟鲜叶2万余吨，产值达3000万元，带动周边农户1000余户。"农业龙头企业＋合作社＋基地＋农户"的发展模式使得秦山街道的芦荟打出了品牌，提升了附加值，每吨芦荟的收购价达到1450元，农户种植芦荟的亩均收益在5000元左右。2017年，合作社创立的"秦万"牌芦荟鲜叶被认定为浙江省农业名牌产品，合作社也被评为海盐县十佳现代农业经营主体。秦山街道的芦荟种植产业不断发展壮大，已经成为秦山农业的一大特色。

2010年8月，万奥农庄成立，地处芦荟产业园区，农庄分为五大模块，包括芦荟生态种植区、葡萄生态种植区、油桃种植区、立架草莓采摘种植区以及农业休闲观光区。现在已经发展成为一家集观光旅游、四季鲜果采摘、生态垂钓、餐饮娱乐、芦荟种植与深加工于一体的省级示范精品园。2013年，万奥农庄被评定为国家AAA级旅游景区。现在，万奥农庄已经实现四季有鲜果、天天可采摘，依托海盐县"五味村"旅游线路和位于不远处的南北湖和文溪坞，发展农业观光采摘游，年游客量达到45万人次。

万奥农庄芦荟产业通过一、二、三产融合发展，农业、饮料加工业和旅游业效益均得到提升，2017年海盐县芦荟产业产值首次突破1亿元，带动农民致富1000余户。

第三章　全域美丽建花园：共圆农村宜居梦

在多规合一的指引下，海盐县从 2006 年着手开展村庄布点规划完善与村庄建设规划的编制工作，引导农民向城镇、新社区集聚。经过多轮修编和调整，现在已形成 "1 + 9 + 54 + 192" ［1 个现代化的滨海宜

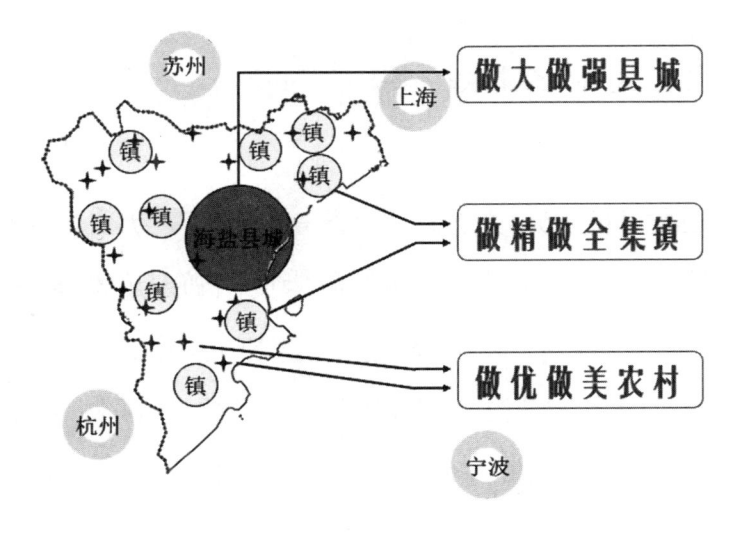

图 3-1　"1 + 9 + 54 + 192" 模型

资料来源：海盐县就地城镇化办公室。

居县城，9个功能齐全的镇（街道），54个优美的城乡一体新社区，192个具有江南水乡特色美丽乡村保留点］的县域城乡建设规划，改变了农村的自然村散居状态，促进了政府公共产品向农村延伸的高效配置（如图3-1）。

一 建设宜居宜业滨海新城

以全国绿色生态示范城区创建为主抓手，围绕经济、社会、人口、环境和资源相协调、可持续发展，积极把滨海新城建设成为"低碳技术集成基地、低碳产业聚集区、低碳生活示范区"。示范城区规划总面积12.4平方公里，积极推动绿色产业、绿色建筑、绿色交通等工作，打造集滨海休闲区、科教文化区、商务服务区、先进制造业研发基地和生活居住区于一体的产城融合的现代化城市新区。

一是全面构筑绿色产业体系。深入分析滨海新城功能定位与产业布局，在确定开展"旅游休闲+科教文化+2.5产业+少量房地产"发展模式的基础上，注重绿色产业的培育，成功引入"浙江山水六旗国际度假区"项目。同时，以高科技研发、智能装备制造等战略性新兴产业为主要成长点，启动建设总规划面积2平方公里、由1个智能装备创新中心（包括创客中心）和3个智能装备制造园区组成的杭州湾智能制造装备产业基地。

二是全力推广绿色建筑建设。2017年《海盐县滨海新城绿色生态示范城区绿色建筑专项规划》通过评审，成为浙江省首个国家级绿色生态示范城区绿色建筑专项规划。先后建成了海盐县绿色教育实践基地"零碳屋"和海盐县绿色低碳展示馆，通过国家绿色建筑最高级别中的设计标识三星级认证和美国LEED铂金级认证。山水六旗项目展示中心、金色海岸住宅项目、工人文化宫、向阳小学北校区等工程全部按照最新绿色建筑标准相继开工建设。

三是积极打造综合交通网络。建立与滨海新城功能、形态、地形相适应的综合交通体系，增强公共交通在新城开发建设的导向与支撑作用。积极贯彻"公交优先"战略，加大新能源汽车投入。建设山水大道、六旗大道、滨海大道等BRT专线，采用清洁能源、快速、高效、环保的城市公共交通系统，提高公交的出行比例。完善绿道网络，加强慢行系统建设，重点打造翁金线区域绿道，并同步建设服务驿站，全面营造绿色、休闲的慢行环境。

二 建设城乡一体化新社区

完善村庄布点规划。为推进城乡融合，浙江省在

2010年提出建设美丽乡村，2014年嘉兴市出台《关于进一步优化完善村庄布点规划的指导意见》，鼓励近郊、近镇就近集聚，强化小城镇吸引带动作用；分类推进，完善新社区规划，把握好农村人口的迁移趋势。海盐县近几年不断完善修订《海盐县村庄布点总体规划》，确定全县远期（2030年）形成"9＋54＋192"的村庄布点格局（"9"包含了38个新市镇社区，"54"为城乡一体新社区个数，"192"为传统自然村落个数）。规划建设用地总面积3067.8公顷，规划户数71024户；其中新市镇社区数量为38个，规划建设用地总面积为1112.1公顷，规划户数37939户；城乡一体新社区数量为54个，规划建设用地总面519.2公顷，规划户数12364户；传统自然村落数量为192个，规划建设用地总面积为1436.5公顷，规划户数20721户。

发挥新市镇节点作用。按照规模适当、经济繁荣、生活富裕、环境优美、特色鲜明、具有较强集聚能力和带动作用的现代化新市镇要求，深化扩权强镇和机制改革创新，加快基础设施建设，强化社会管理服务，完善新市镇公共、商务配套功能，提高综合承载能力，提升新市镇对农村产业和农村人口的吸引力和集聚力，促进新市镇向小城市转型升级。优先确保新市镇建设所需的文化、教育、卫生、体育设施等建设的用地需求，积极支持区域特色产业、商贸服务业发展的用地供应。鼓励"两新"工程安置地块采取节地率较高的公寓形式，提高土地利用的经济效益和生态效益。充分发挥新市镇在城乡之间的关键节点作用，提升商贸服务功能，推进"五个一"的商贸配套服务设施建设（一条商业街、一家大超市、一家宾馆、一个农贸市场、一家大饭店），完善公共服务功能，推进图书分馆、文化中心、卫生院等设施建设，不断激发新市镇的发展活力，提高综合承载能力。

积极推进新社区建设。围绕土地流转、宅基地复垦和农房建设"三位一体"的工作要求，海盐建立较为完善的推进"两新"建设政策体系；做好推进指导工作，围绕风格迥异、各具特色的要求规划建设，为面上工作推进树立典型样板。形成了通元镇韩家桥社区、于城镇农民一条街、百步镇百禾花苑、西塘桥镇电庄新区、秦山街道欣欣社区、开发区新港社区等一批各具特色、模式多样的新社区。目前，全县9个新市镇社区已初具规模，成为人口集中居住、资源集约利用、产业集聚发展的主阵地。新农村社区（X点）启动51个，完成农房改造建设达19221户。

三 建设见山望水美丽乡村

科学规划布局"一带二区三线"（一带：滨海休

闲带；二区：凤凰省级现代农业综合区和湖山省级现代农业综合区；三线：水乡风情线、农耕文明线、生态农业线）的美丽乡村建设，打造望山见水记乡愁的乡村乐园。按照基础版、提升版和重点打造版三个层次有序推进。在整洁有序的基础上，注重文化特色营造、产业与环境融合等内容发展乡村旅游，逐步建设成为"点上出彩、线上美丽、面上洁净"的美丽乡村。

环境优化强基础，打造和谐生态。一是深化清洁家园建设，做到村村洁净。深入实施农村环境卫生长效管理，在全市率先实施"四位一体"农村环卫运行机制，全面推进市场化运作。推进农村垃圾收集有偿服务，农村生活垃圾收集有偿服务覆盖100%。积极开展优美庭院、清洁示范户等群众性评创活动，提高群众参与环境卫生积极性，累计创建市级"优美庭院"示范村15个。二是大力推进绿化造林，打造森林村庄。结合浙江省"四边三化"、"三改一拆"等工作，实施创建省森林城市"139"绿化行动。制定出台绿化借地补助、绿化补助奖励等政策办法，鼓励社会各界参与绿化工作。三是开展水环境综合治理，重现水清岸绿。全县范围内河道实行县、镇、村三级"河长制"管理，建立健全"一河一档，一河一策"治理机制。扎实开展中小河流治理工作，启动4个全国中小河流治理重点县项目。重视农村面源污染治理，重点突出生猪养殖污染治理，启动建设病死猪处理设施，全面划定禁养区、限养区，鼓励生猪养殖户退养转产。大力推进农村生活污水治理工作，高标准建成永兴村、澉东村、农丰村等5个太阳能微动力生活污水集中处理系统（如图3-2）。

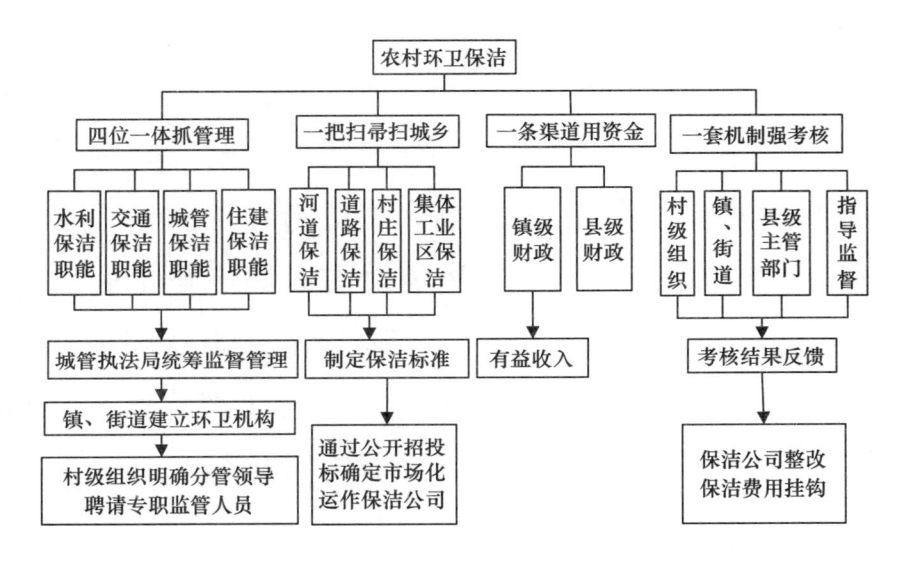

图3-2 农村全覆盖长效保洁工作模型
资料来源：海盐县就地城镇化办公室。

产业转型促发展，培育新型业态。以打造精品旅游线，发展乡村休闲旅游业的理念，启动推进滨海休闲带建设，力争把滨海休闲带建设成为国家AAAA级旅游区。在滨海休闲带上重点打造"北团问农、文溪探幽、澉东品戏、紫金坐望、茶院养心"五种美丽乡村休闲旅游风味的"南北湖·五味村"精品旅游线，进行差异化开发建设。既丰富了乡村旅游资源，又提升了五个村的美丽乡村建设的内涵。"南北湖·五味村"精品线累计已接待150万余人前来参观游玩。多形式开展"八鲜采摘游"活动，累计建成采摘基地10个，年举办各类采摘游活动20次以上，吸引游客15万人次。积极推动农家乐发展，全县已有省级农家乐特色镇2个，省级农家乐特色村3个，省级特色经营点6个，三星级以上农家乐经营户7家，总经营户40余户；探索发展特色民宿，推进紫金山村、文溪坞两个民宿群建设，已完成15幢民宿改造并正式营业。

文化传承创特色，提升建设内涵。一是加强文化遗存保护，追溯历史文明。编制了《海盐县历史文化特色村保护与发展规划》。制定加强文化遗存保护与利用的实施意见，建造文化展示馆、文化墙、文化小品等形式，进行传承与展示，充实美丽乡村建设内涵。如于城鸳鸯村利用村内旧民居，建设民俗文化屋，展示"五梅花"祭祀舞蹈等非物质文化遗产和当地民俗风情；澉浦镇澉东村新建"十姑娘巾帼展览馆"，重点讲述20世纪60年代"凤凰山下十姑娘"的传奇故事，弘扬"凤凰山下十姑娘"精神。二是彰显地方特色文化，形成一村一韵。围绕文化元素的融入，挖掘沿线各镇、村史料、民间传说及群众风俗中的物质文化、非物质文化遗产等。在项目设计、施工等过程中，充分体现当地特色文化元素。如农丰村小墅里将当地徐家与清光绪年间兵部尚书徐用仪家的亲戚历史，利用墙绘予以展现。三是丰富群众文化生活，提升乡村活力。2013年启动建设农村文化礼堂，至2016年全省率先实现农村文化礼堂全覆盖，获评2016年省农村文化礼堂建设先进县。在标准化建设基础上，海盐县不断培育"一村一品"、"一堂一特"等礼堂文化，启动文化惠民"三千三进"服务工程，即"千场演出进百村、千场培训进基层、千场活动进礼堂"，广泛实施文化下乡、进村入企到户等文化活动，重点打造"文化走亲"活动、村晚、"文化扎根工程"（一镇一节，一村一品）等文化品牌。

【案例】美丽乡村——南北湖·五味村

海盐县"五味村"即江南水乡特色的五个小山村，全名"南北湖·五味村"，由北团、文溪坞、澉东、紫金山和茶院五个景色优美的自然村（落）组成，因紧邻国家AAAA级旅游景区南北湖且各具乡村特色风味而得名。五味村结合"八鲜采摘游"活动，建成采摘基地10个，年举办各类采摘游活动20次以上，吸引游客15万人次，有效提升海盐现代农业发展水平，促进农家乐为主的乡村休闲旅游的发展。之所以在美丽乡村建设过程中形成"海盐五味村模式"，自有其独到之处。

一是突破"一个村"的建设思维定式。美丽乡村建设一般都会理解为"一个村"按照"四美"要求开展规划布局、村庄整治、产业提升、文化繁荣的一系列工作总和。五味村勇于创新,统筹开展农村环境综合整治、历史文化传承、产业融合发展、农民增收致富等方面建设,把分布相对集中的五个自然村(落)整合起来一并进行打造。在美丽乡村建设伊始就将其作为重点,并以老沪杭公路串联起五个自然村落,形成一个整体。

二是突破"一村一品"的传统特色。五味村以"乡愁"为主题,围绕这一总主题,挖掘各村的文化民俗,提炼出每个村的分主题,即北团问农味鲜,文溪探幽味静,澉东品戏味俗,紫金坐望味旧,茶院养心味禅。根据这些主题,策划设计每个村的建设内容,按照"统一品牌,分类设计,分步实施"的原则,因时因地有序推进,在形成"一村一品"的基础上串点成线打造整体品牌。同时,通过创建不断完善"乡愁"内涵、提升乡村品质,2015年成功创建长三角城市群"岁月余味"体验之旅示范点,澉东村获评全省第二批乡村记忆示范基地,北团的万奥农庄景区成功创建国家AAA级旅游景区。

三是突破农村经济单一的发展方式。传统农村经济以农业为主，农民的收入有限。五味村美丽乡村建设通过农村环境综合治理等举措村庄环境焕然一新，在此基础上积极发展现代农业，推进第一、第二、第三产业融合发展，尤其是充分融入旅游要素，大力发展乡村旅游产业。2013年已经完成旅游交通标识、旅游景区标识、石头石景、木椅和驿站等旅游元素，2014年五味村乡村旅游综合体项目纳入旅游业发展三年行动计划的九大重点项目，2015年五味村的乡村旅游项目建设，五味村的旅游内涵不断完善、旅游服务不断提升，结合"八鲜采摘游"等节庆活动的开展，知名度也在逐渐打响。

四是突破政府出资单一的投入模式。海盐美丽乡村建设按照"政府前期引导、群众自主参与、社会多方支持"的共建共享原则，建立了多元化的投入机制。尤其是五味村，将多元化的投入机制展现得淋漓尽致。五味村在政府主导进行村庄环境整治、完善公共服务的基础上，通过适当的激励和"乡愁"的感召，激发了家乡致富能人的参建热情，积极投资新建或完善美丽乡村项目，如北团的万奥农庄、文溪坞的嬉溪菜园子、茶院村的金粟寺；随着五味村美丽乡村建设的成效不断显现，村民也看到了商机，主动参与，在共建美丽乡村过程中享受建设成果。

美丽乡村建设只是一种载体或手段，最终目标是解决"三农"问题,实现城乡一体化发展,使农村环境优美、农业高效优质、农民生活优雅。海盐五味村美丽乡村建设正朝着这个目标奋勇迈进,围绕"乡愁"主题仍在不断地挖掘资源、丰富内涵、完善配套、打响品牌。

第四章　春风化雨树新风：共建文明示范地

海盐县加快全域美丽大花园建设的同时，注重把文明和谐乡风美作为美丽乡村建设的内在要求。加强农村公共文化阵地建设，配齐配全文化礼堂、标准灯光篮球场、农家书屋、健身器材等农村文体基础设施，积极培育和发展文化志愿者队伍，不断丰富村民文化生活，加大宣传力度，引导农民群众积极参与美丽乡村建设与管理，大力弘扬社会主义核心价值体系，充分发挥民智民力在美丽乡村建设中的作用。在农村培育乡村文明，让乡俗民约、村规民约发挥好引领文明风尚的作用，实现美丽乡村建设"处处美"、"持久美"。

一　弘扬中华传统美德

在公民思想道德建设过程中，海盐县以模范人物为榜样,以未成年人为重点,以提升文明素质为突破口,推进公民思想道德建设深入开展。

一是以模范人物为榜样,打造公民思想道德建设示范工程。结合"感动海盐"、"感动嘉兴年度人物"、"中国好人榜"等道德模范人物评选活动,发动全县上下深入学习模范人物事迹,将评选过程转化为宣传先进、学习先进的过程。注重挖掘身边典型,在海盐新闻网、各镇(街道)镇报、村报上开辟专栏、专版,广泛宣传全县各个领域各个岗位上的不凡人、不凡事,树立了一批群众看得见、摸得着,可敬、可信、可亲、可学的身边楷模,以点带面,推动典型效应转化为社会效应、道德意识转化为自觉行动。

二是以未成年人为重点,抓好公民思想道德建设"希望工程"。立足实际,精心组织实施"春泥计划",组织未成年人开展丰富多彩的社会公益活动、道德体验活动、能力提升活动和文化娱乐活动,在全县105个行政村(社区)实现"春泥计划"全覆盖。深入推进"青春导航"工程,积极开展"青少年维权岗"、"爱心使者在行动"、"五老"结对关爱未成年人等活动,借鉴推广村校结合、村企结合和农村关心下一代工作联络员等举措,构筑起学校、家庭、村(社区)三位一体的教育网络。

三是以提升文明素质为突破口,夯实公民道德建设基础工程。深入实施文明素质提升工程，利用电子显示屏、黑板报、村报等载体大力加强社会公德、职业道德、家庭美德、个人品德等的宣传。充分调动各镇（街道）文化站、各村（社区）文艺团队力量，将行为道德规范编排成小品、戏曲、顺口溜等群众喜闻乐见的艺术形式，使群众在潜移默化中受到教育和熏陶。通过"一区一品"特色型社区创建、文明村创建、"我们的节日"民俗节庆等活动，着力提升群众文明素质，培育健康向上的文化氛围，推进公民思想道德建设全面、深入、持续开展。

二 传承发展优秀文化

近年来，海盐始终坚持以社会主义核心价值体系建设为主线，以农村文化礼堂建设为主要阵地，以公民文明素质提升专项教育为抓手，开展系列宣传教育实践活动，不仅在潜移默化中让精神文明的馨香飘入千家万户，更是化无形为有形，把精神文明建设的成果转化为推动社会经济发展的强大动力。

为了避免农村文化礼堂建设出现千篇一律的现象，海盐因地制宜优化各村（社区）文化礼堂的规划设计，注重彰显地方特色，突出本土特质，力求实现"一村一特"、"一堂一品"，涌现出了一批极具"海盐特质"的文化礼堂。启动星级文化礼堂评选和文化礼堂理事会负责制等工作，使文化礼堂由当地群众自我组织和自我管理，实现大门常开、活动常态、内容常新。

根据群众的文化需求，在农村文化礼堂开展"点单式服务"，制定"海盐县农村文化礼堂建设服务菜单"并印发至各镇（街道）、村（社区），通过完善"菜单式"预约，增加"点单式"服务，受到各界热切响应。如张元济图书馆通过配送《中国吉祥艺术展》《海盐古桥展》《生态文化和谐海盐摄影展》等展览开展文化惠民服务，不仅让村民们能够方便快捷地共享城市的优质文化资源，同时形式多样、内容丰富的活动也让农村文化礼堂保持了生机和活力。围绕"文化地标，精神家园"的定位，海盐县向各农村文化礼堂配送图书阅览设施、华数高清互动电视设备和优秀摄影、书画作品，整合村（社区）图书流通站、农家书屋、惠民书屋等资源，拓展农村文化礼堂功能，为农村居民打造综合性的精神家园。不断挖掘、整理历代相传许多好的家规家训，依托文化礼堂、美丽乡村建设，通过开设讲座、创作绘本等方式，向群众宣传、让群众学习优秀家规家风。建立家规传承的文化示范点，传承家风美德，树立优良品格，使良好家风深入千家万户。

农村文化礼堂，这个用于弘扬主流价值、传承传统文化、展示地方形象、丰富文体活动的场所在海盐"遍地开花"，在最新公布的全省基层公共文化评估数据中，海盐已连续三年跻身全省前十。

三　移风易俗、破旧立新

海盐坚持以社会主义核心价值观为引领，把反对铺张浪费、反对婚丧大操大办作为农村精神文明建设的重要内容。

大力推行文明低碳祭扫和节地生态安葬，要求广大党员干部进行文明低碳祭扫，教育和引导亲属、朋友和周围群众抵制陈规陋俗和封建迷信活动，实行低碳出行、错峰祭扫、网络祭扫和鲜花祭扫。同时开展"鲜花换纸钱""丝带寄哀思"等文明、环保、健康、安全的祭祀活动，逐步使文明低碳祭扫理念成为社会自觉行为。各殡葬服务场所优化服务环境，做好祭扫服务温馨提示和宣传引导，免费提供可循环使用的绢花圈等环保用品，引领做好绿色环保、文明安全祭扫行为。各镇（街道）大力弘扬厚养薄葬和绿色节地生态殡葬理念，全面宣传殡葬法规政策和惠民殡葬举措，积极宣传殡葬改革成效，进一步凝聚改革共识，营造社会良好氛围。为推广节地生态安葬，2015年海盐县建造了海盐人文纪念园（海盐公墓），推出三种安葬方式和四种墓型，其中包括墓葬、壁葬、花坛葬等生态安葬形式。

随着经济社会的发展，婚丧喜庆事宜操办起来规模越来越大，花样越来越多，档次也越来越高。要推动整肃，首要是抓领导干部，通过端正党风来带动民风。海盐县相继出台了一系列针对公款吃喝、公车私用、铺张浪费等不正之风的"禁令"。严格按照《关于进一步明确领导干部个人收入和重大事项报告有关问题的通知》有关规定，如实填写《海盐县科（局）级领导干部个人重大事项报告表》，向县纪委和县委组织部进行备案，比如在哪里举办、摆多少桌等。同时，走好群众路线，充分依靠群众形成合力推进农村精神文明建设。通过举行村规民约故事展览，把不同村镇的民俗规定进行展示，让大家相互学习、相互借鉴、相互提高。如海盐县得胜村，通过制定村规民约及评分考核办法，督促村民自觉参与环境整治工作，村民代表大会全票通过这项决议。《村规民约》规定，村委会组织村民代表每月对每户家庭进行打分制考核，并在公示栏公示，每季度按照分数汇总评选出12户家庭颁发季度奖，奖励5公斤色拉油。违反本村《村规民约》，考核不合格的家庭，由村委会酌情做出处罚决定。现在，得胜村家家户户的房前屋后都非常干净整洁。

【案例】传承文明——元通街道电庄社区

电庄社区位于海盐县元通街道集镇南侧,地域面积9270亩(约6.18平方公里)。现有农户850户,人口3430人,其中党员145人。党总支下设企业、农业、老龄3个党支部,社区班子成员6名。近年来,在上级党委、政府的正确领导下,经过社区干部和全社区居民的共同努力,社区先后被评为海盐县"双结对、创文明"工作先进单位、县级特色文化村、五四先进团组织称号、县级平安村等荣誉称号。随着农村物质生活水平的提高,广大群众对精神文化生活的需求也日益提高,为此电庄村大力开展精神文明系列活动,着力推进文明兴村。

一是宣传教育,促进乡风文明。电庄重视培育和弘扬文明、健康、和谐的乡风,通过上课、座谈会等各种形式对全村党员深入开展社会主义荣辱观教育,发挥党员在村中的模范带头作用;并利用广播、宣传廊、标语、图片展和教唱正气歌等形式积极宣传"八荣八耻"以及各种文明规范,提高村民思想认识,引导他们树立正确的世界观、人生观和价值观。广泛开展了"廉政文化进农村活动",通过广播、文艺会演等多种途径和形式宣传反腐倡廉思想,培养"廉洁可敬、腐败可耻"的社会意识，增强反腐倡廉教育的辐射面和渗透力。

二是结对帮扶，弘扬人文关怀。电庄村与村内企业结为新农村建设共建单位，加强对外来务工人员的宣传教育，构建和谐电庄。与贫困户、困难学生、困难党员结对，给予经济补助；与海盐农机监理站、元通中学等单位结成新农村建设共建单位，每年节假日或年终对村里困难家庭进行慰问，给他们送去温暖。在全村范围开展文明家庭、科技示范户、党员先进户等评比活动，积极倡导和睦的邻里关系和家庭关系，形成了一种积极向上的良好氛围。

三是文化建设，丰富村民生活。电庄村投资15万元建造了一个200多平方米的文体活动中心，内设图书室（藏书3000余册，每年流动到组）、阅览室、棋牌室、乒乓室等。在村部设置多媒体教室进行电教培训、会议等活动；室外灯光篮球场、健身园地、宣传橱窗等设施齐全，并配有专职管理员，文体活动中心每天开放12小时以上。目前村文体活动中心已经成为村民早晚锻炼身体，学习科学文化知识，休闲娱乐和给农民上课的习惯性场所。同时，该村大力加强文体队伍建设，积极组织拔河、挑担等富有农村文化特色的农民运动会；每年都举办大型文艺演出4—5场，丰富了群众的业余文化生活。

第五章　精准施策增收：共享富裕好生活

农民生活富裕是乡村振兴的根本。海盐始终将增加农民收入作为检验"三农"工作成效的重要指标，千方百计开拓增收新途径、新渠道，依托良好的工农业产业基础，实现了农民工资性收入和转移性收入的"双支撑"。同时，推进农业供给侧结构性改革，挖掘增收新潜力，培育新动能，努力从农业的转型升级内生动力、美丽经济、产权制度改革和创业创新中获得多元空间，形成经营性收入和财产性收入增长的"双引擎"。农民收入增长连续11年高于城镇居民。

一　加快转移就业

增强就业服务。加强人力社保基层服务平台建设，各镇（街道）建立健全包括人力资源和社会保障所、劳动保障监察中队、劳动争议调解委员会、职业介绍所（人力资源市场）等在内的相关机构。拓宽服务大厅，设立公共服务窗口，配置必需的办公设备和服务设施，切实落实33项事权下放工作。同时，在各镇（街道）、村（社区）建立两级人力社保所（工作站），提供一体化的人才工作、劳动就业、社会保障、劳动关系等服务。实行定岗定人、专职管理，全县9个镇（街道）104个村（社区）配备180名专兼职人力社保协管员。

推进劳务合作。在全市率先组建并最早实现农村劳务合作社的全覆盖。一方面，农村劳务合作社把大量失土农民、失业农民集中起来，进行组团式劳动，顺利帮助农民实现转移就业，帮扶农村弱势群体转移就业。目前全县共有劳务合作社社员16290人，开展劳务合作1.94万人次，实现劳务收入5177万元，个人最高月收入可达3000元左右。同时，由县财政补贴每人每年95元保费，为全县劳务合作社社员统一参加团体人身意外伤害保险。另一方面，通过劳务合作社进行必要的技能培训，青年人可转移到企业工作，年龄大且有劳动能力的安排从事简单的劳动，实现分群体分工种合理安排岗位，促进农村劳动力资源重新优化配置。

加强技能培训。海盐以农民素质提升工程为抓手，以新型职业农民培育和农村实用人才培训为重点，以增加农民收入为目标，完善培训体系，创新培训方式，加强精准培育。近三年连续被省评为农民素质提升工程优秀县。出台《海盐县深化农民素质提升工程实施意见》《海盐县农民素质提升工程培训管理办法》《海盐县新型职业农民认定管理办法（试行）》等文件，为农业增效、农民增收提供了强有力的人才支撑。围绕各镇（街道）发展优势产业和特色农业开展培训，突出针对性、实用性。加强城乡失业人员再就业培训、农村劳动力转移就业培训、企业在岗职工技能提升培训，着力提高农民就业能力和岗位技能，助推农民从低层次就业向高层次就业转化。2017年培育1000名农村实用技术人才和300名新型职业农民。

二 拓宽增收渠道

近年来，海盐始终坚持市场化改革导向，以农村产权制度改革为突破口，在确权、赋权的基础上，进一步探索完善活权、保权的体制机制，盘活各项农村集体产权，激发农村发展活力。

一是建立健全农村产权交易市场体系。探索出台了《海盐县农村集体资产产权交易管理办法》等十余项政策意见，在全省率先建立了县、镇（街道）、村

（社区）三级农村产权交易服务平台，三级网络之间即时互联互通，实现了农村产权的规范、公开、公平交易。2009年以来，累计交易1422宗，累计交易金额3.1亿元，有效拉长了农民的财产性收入的短板。土地承包经营权"三权分置"改革，为农民带来两笔收入，其一是土地流转金保底收益，即每年每亩500—600斤稻谷收购价；其二是在家庭农场等主体劳动所获得的"职业农民"工资收入，目前农场季节性用工工资约100—120元/时。

二是不断完善农村金融配套服务。针对土地承包经营权、农民集体资产股权和农村住房财产权，先后推出了"农钻通"、"农股通"和"农宅通"系列金融产品，实现了农民"三权"金融产品全覆盖；探索建立了3000万元的"三权基金"，用于对金融机构的农村产权贷款风险补偿，进一步激发了金融机构的积极性。如海盐县全面开展家庭农场信用等级评定，累计支持269户家庭农场发放贷款2.83亿元，有效地激发了农业农村的创新创业热情，提升经营水平和经营预期。

三是深化农村股份合作制改革。在坚持村级集体经济组织按合作制原则运作的前提下，将经营性资产剥离，全面完成全县104个行政村（社区）的股份制改造。在此基础上，引导各村根据自身地域、产业特色，宜工则工、宜农则农、宜游则游，走资产经营型、休闲旅游型、配套服务型、股份合作型和资源开发型发展"五型经济"的市场化发展新路。同时，推行"强村联合体"模式，鼓励各村抱团发展，2012年以来，共实施抱团项目9个，概算总投资2.3亿元，年均预计增收1590万元。2017年，全县首个县级层面跨镇抱团项目——"秦山两创中心"项目启动建设，通过"飞地造血"为参与村实现税前10%保底分红。

三 政策支农惠农

强化农村社会保障。在全县推行城乡居民医疗保险、养老保险全覆盖。被征地农民基本生活保障实现应保尽保，城乡职工基本养老保险实现全员参保，城乡居民社会养老保险实现全覆盖。城乡居民合作医疗参保率逐年提高，目前参保率达到99.58%。建立基层人力社保服务的平台规范机制，建成县、镇（街道）、村（社区）三级人力社保公共服务体系，下放38项镇级服务平台事项、21项村（社区）平台服务事项。不断健全城乡救助体系，建立县镇村企四级城乡职工维权帮扶网络，新居民应急困难救助，创新开展点援制法律援助服务，对困难家庭住房保障实现城乡全覆盖。探索养老服务机构的"公建民营"模式。推进社会组织承接运作镇（街道）养老中心，培育9家"示范性中心"（如图5-1）。

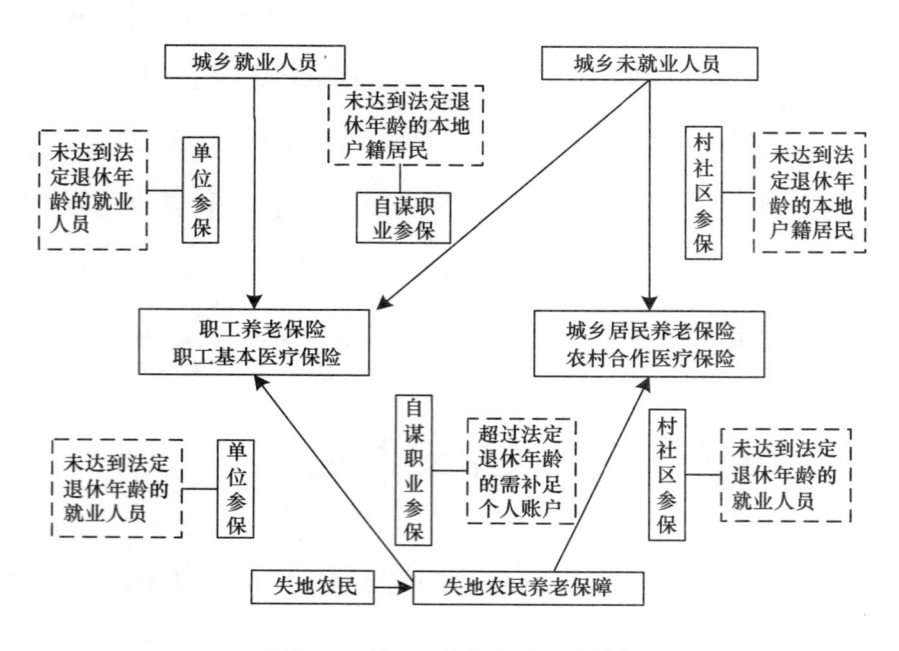

图5-1 城乡一体化保障系统模型

资料来源：海盐县就地城镇化办公室。

减轻农民生活成本。一是减轻农民出行成本。加快农村道路改造提升，城乡道路客运一体化发展水平获评AAAAA级，在全省66个县市里排名第三。实施城乡公交国有化改革，实现了公交"村村通"，县域内城乡公交2元一票制，全县公共交通分担率（含公共自行车）达到21%，位列嘉兴市前列。建成公共自行车服务网点136个，投放公共自行车3800辆，实现了街道全覆盖。二是减轻农民教育成本。建立"七大城乡结对共同体"、"三大幼教联盟",实现教育均衡化,并通过了"全国义务教育发展基本均衡县"国家级评估,义务教育均衡发展指数小学为0.336、初中为0.334,远低于小学0.6、初中0.5的国家要求。三是减轻农民医卫成本。全县实现了城乡"15分钟卫生服务圈"全覆盖,巩固分级诊疗制度,促进医疗服务下沉,提升双向转诊信息化水平(如图5-2、图5-3)。作为全省16个县乡卫生一体化综合试点改革县之一,

教育均衡化 →

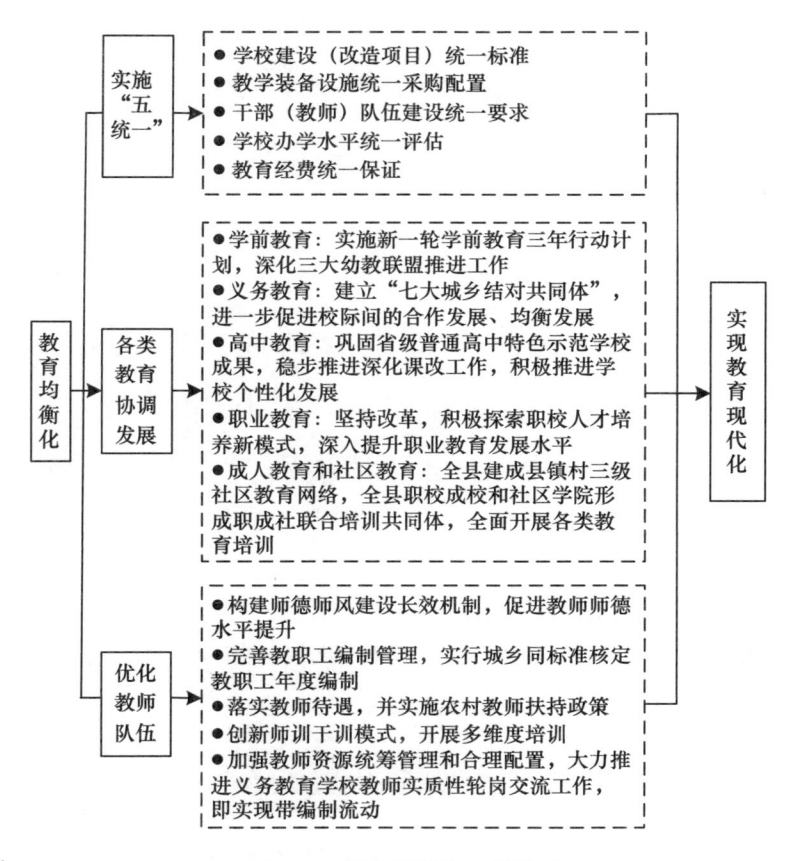

实施"五统一":
- 学校建设(改造项目)统一标准
- 教学装备设施统一采购配置
- 干部(教师)队伍建设统一要求
- 学校办学水平统一评估
- 教育经费统一保证

各类教育协调发展:
- 学前教育:实施新一轮学前教育三年行动计划,深化三大幼教联盟推进工作
- 义务教育:建立"七大城乡结对共同体",进一步促进校际间的合作发展、均衡发展
- 高中教育:巩固省级普通高中特色示范学校成果,稳步推进深化课改工作,积极推进学校个性化发展
- 职业教育:坚持改革,积极探索校企人才培养新模式,深入提升职业教育发展水平
- 成人教育和社区教育:全县建成县镇村三级社区教育网络,全县职校成校和社区学院形成职成社联合培训共同体,全面开展各类教育培训

优化教师队伍:
- 构建师德师风建设长效机制,促进教师师德水平提升
- 完善教职工编制管理,实行城乡同标准核定教职工年度编制
- 落实教师待遇,并实施农村教师扶持政策
- 创新师训干训模式,开展多维度培训
- 加强教师资源统筹管理和合理配置,大力推进义务教育学校教师实质性轮岗交流工作,即实现带编制流动

→ 实现教育现代化

图5-2 教育均衡化工作模型

资料来源:海盐县就地城镇化办公室。

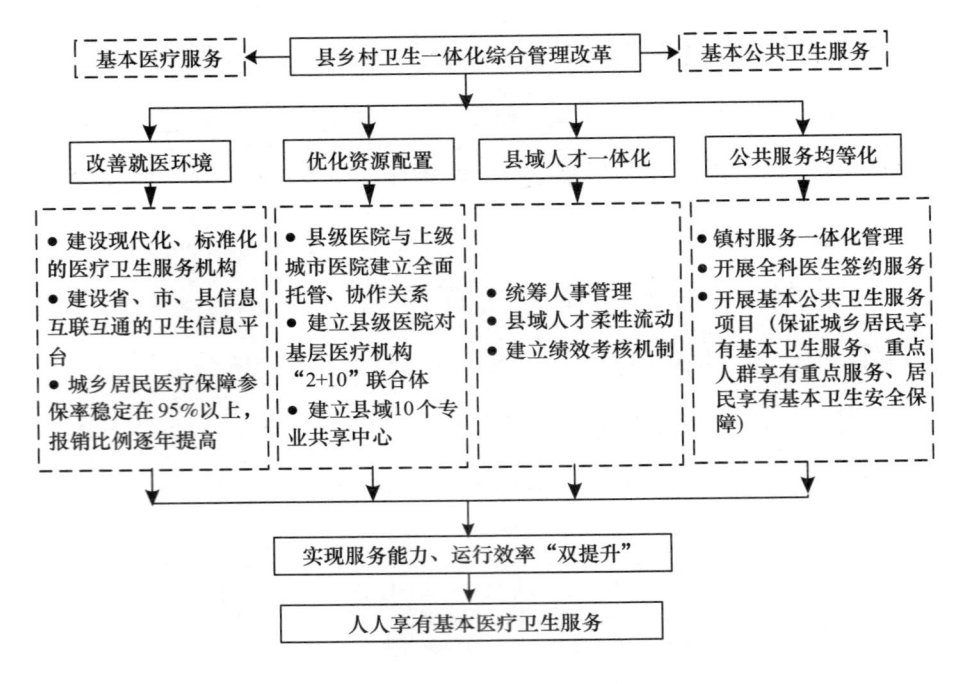

```
                  ┌─────────────────────────────────┐
   ┌──────────┐ ← │  县乡村卫生一体化综合管理改革   │ → ┌──────────────┐
   │基本医疗服务│   └─────────────────────────────────┘    │基本公共卫生服务│
   └──────────┘                                          └──────────────┘
```

┌──────────────┐ ┌──────────────┐ ┌──────────────┐ ┌──────────────┐
│ 改善就医环境 │ │ 优化资源配置 │ │县域人才一体化│ │公共服务均等化│
└──────────────┘ └──────────────┘ └──────────────┘ └──────────────┘

- 建设现代化、标准化的医疗卫生服务机构
- 建设省、市、县信息互联互通的卫生信息平台
- 城乡居民医疗保障参保率稳定在95%以上，报销比例逐年提高

- 县级医院与上级城市医院建立全面托管、协作关系
- 建立县级医院对基层医疗机构"2+10"联合体
- 建立县域10个专业共享中心

- 统筹人事管理
- 县域人才柔性流动
- 建立绩效考核机制

- 镇村服务一体化管理
- 开展全科医生签约服务
- 开展基本公共卫生服务项目（保证城乡居民享有基本卫生服务、重点人群享有重点服务、居民享有基本卫生安全保障）

实现服务能力、运行效率"双提升"

人人享有基本医疗卫生服务

图 5-3　医疗卫生服务模型

资料来源：海盐县就地城镇化办公室。

还积极探索城乡医疗资源整合新途径，建立"医联体"发展模式。县妇幼保健院、县口腔医院、县康复护理院、县康宁医院分别与基层医疗卫生机构建立指导帮扶关系。

【案例】产权改革——武原街道小曲社区

武原街道小曲社区位于县城西侧，区域面积2.83平方公里，共12个承包小组460户，人口2072人，社区干部6人。2010年11月小区村撤村建居，6个组的244户农户已整组拆迁，分别入住小曲景苑和文曲佳苑。目前辖区有二级网格法人148家，三产服务业130家，特色产业有紧固件、服装、塑料等。近年来，社区先后被评为省级卫生村、市级四星级民主法制村、市级文明村、市级科普村、十佳优胜村等荣誉称号。

小曲社区于2010年实施农村集体产权制度改革，坚持因地制宜，严格把握改革关键环节，针对不同情况，通过民主协商，确定股权量化的对象和比例，在章程中予以明确。2010年在册总人口2060人，公示人数2068人（其中在校大中专学生4人，现役军人4人），享受"人口股"和"土地补偿股"人员共2013人，其中1852人全额享受，161人按比例享受（38人按80%享受，10人按60%享受，12人按50%享受，86人按30%享受，15人按20%享受）。确定将清产核资截止日的村集体所有净资产的90%进行量化，即为18852477.95元，人口股和土地补偿股分别按各占村级资产股权的70%和30%计算，按每1000元折1股共计总股数18838.9394股，量化到人，明晰到户。由当年分配股金188354元（每股10元），至2017年股份合作社已累计分红253.03万元。

通过股权改制，社区进一步加强资产租赁管理，不断壮大村级集体经济。通过召开社区班子会、三资管理小组成员会以及股东代表座谈会等形式，研究决定租赁事宜，制定出租方案，签订出租合同，通过各种方式，把出租情况告知股民，及时收取租赁费。2017年年底，集体总资产2721.07万元，拥有可租赁房产1.2万平方米，承租单位19家，2017年集体经济总收入270.13万元。同时，社区加强财务管理，健全监督机制，所有资产全部纳入网络化管理，财务实行委托双代理。重大事项由董事会和监事会联席会议提出初步方案，由股东代表会议讨论决定。

第六章　党建引领强治理：共创平安新家园

作为城乡融合发展的先行地区，海盐农村人口加速向城镇转移，外来人口问题、企业服务问题、镇村工业园区问题、安全生产问题、环保问题、社会治安矛盾等任重而道远，亟须加强基层党组织的统筹力度和创新探索。当前农村基层治理还存在手段有限、服务内容比较单一、缺乏综合服务平台等问题，传统的乡村治理模式也需要加快重构。

海盐一以贯之抓好基层党组织和基层政权建设，积极探索"三社联动、三治融合"的乡村治理实践，为乡村改革发展稳定提供了有力保证，连续13次获得全省"平安金鼎"。

一　坚持密切联系群众制度

由县委书记和县长带头，选派105名领导干部到各村（社区）兼任"第一书记"，助推基层基础建设，发展壮大村级集体经济。实施"四户"（党员群众中心户、文化科教示范户、网格管理联系户和代表委员联络户）同建，实行"基层日"走访、村（社区）干部"三定直联"等制度，打通联系服务群众"最后一公里"，带动县、镇、村各级干部进村入户，以党员群众户为纽带，联系一批党员，服务一片群众，提升党员干部形象和服务基层本领。建立镇（街道）—村（社区）—"党员群众中心户"—党员—农户的党建工作网络，以"农家讲坛"、"住夜半月谈"等形式多样的活动将各类资源和服务带到农户身边（如图6-1）。

在治安管理网建设方面，充分发挥中心户在网格化管理、组团式服务中的支点核心作用，分片联系区域内农户，收集民情民意，村（社区）干部、辖区民警在第一时间掌握网格内的矛盾纠纷和利益诉求。对接农户服务需求，围绕"提供一条致富信息、落实一个创业项目、了解一批民情民意、教会一门实用技术、联系一个就业岗位"的"五个一"要求，实质性开展送服务、送温暖活动。

第六章　党建引领强治理：共创平安新家园

中心户制度	三户同建	党员群众中心户	结合夜访活动的开展，听取党员群众的意见建议，收集并向党组织反馈民情民意，并帮助周围党员群众解决就学、就医、就业以及居家养老等具体问题
		文化科技中心户	广泛开展群众性读书看报、电化教育、文艺交流等活动，丰富活跃农民业余文化生活
		网格管理中心户	认真做好帮教工作和村（居）民的矛盾纠纷排查工作，及时劝说调解，把矛盾化解在基层
	三定直联	定户	每名村（社区）干部以"一对一"或"一对二"方式定点联系中心户，帮助解决群众反映问题
		定时	每月1日、10日、15日、25日为中心户固定活动日，开展组团服务活动，将科技辅导、法律宣讲、卫生保健等服务活动直接送到中心户，打好服务"组合拳"
		定向	村（社区）干部在固定活动日晚到中心户家中夜访办公，推进"三改一拆"、"水环境治理"、征地拆迁等中心工作和重点项目
	三网融合	基层党建网	建立镇（街道）—村（社区）—"党员群众中心户"—党员—农户的党建工作网络
		治安管理网	发挥中心户在网格化管理、组团式服务中的支点核心作用，分片联系区域内农户，收集民情民意
		民生服务网	对接农户服务需求，围绕"提供一条致富信息、落实一个创业项目、了解一批民情民意、教会一门实用技术、联系一个就业岗位"的"五个一"要求，开展送服务、送温暖活动

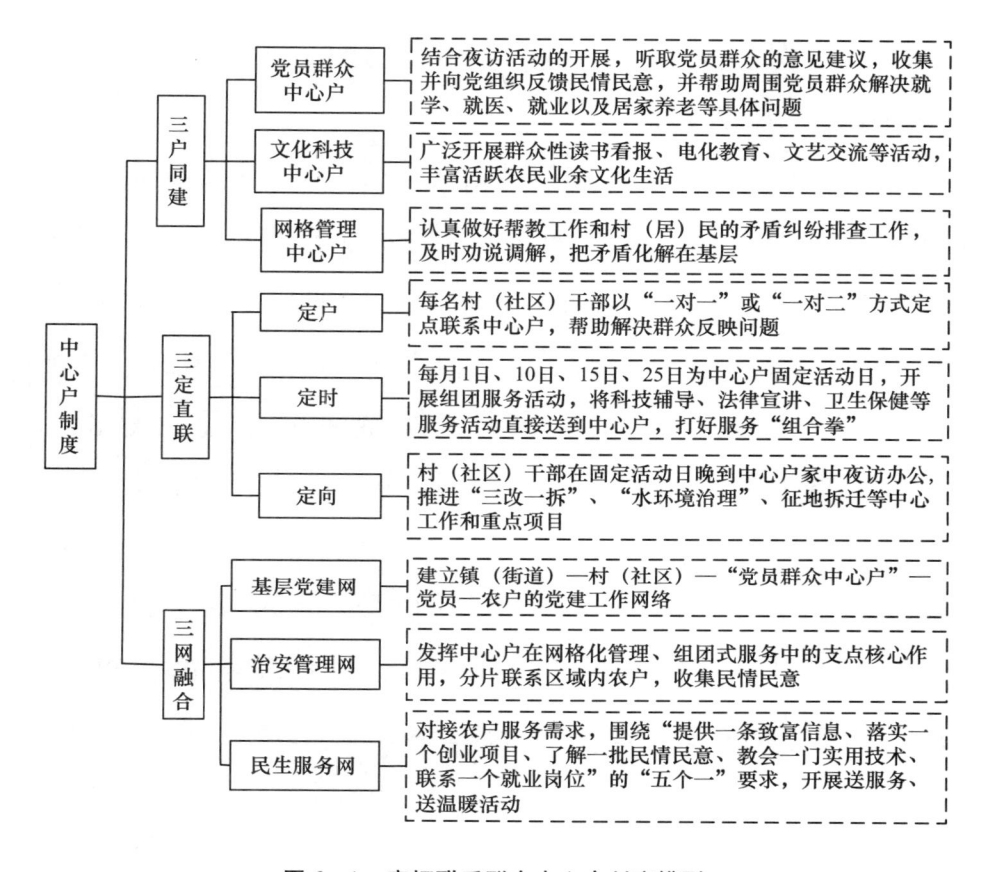

图 6-1　密切联系群众中心户制度模型

资料来源：海盐县就地城镇化办公室。

二　坚持"三社联动"治理支撑

建立健全以"社区为基础，社会组织为载体，社工为骨干"的"三社联动"机制。出台《海盐县进一步推进"三社联动"完善基层社会治理实施意见》等政策文件，县财政每年安排 100 万元资金主要用于提升社区服务硬件建设、完善社区服务设施，整合民政、残联、社保、医保、计生等59个公共服务事项进驻"一站式"服务大厅。

以"1+9+54+192"布点规划打造社区服务中心、卫生服务站、文化礼堂、居家养老照料中心等10分钟半径服务圈，实现社区与社区，街道与街道的无缝对接。出台《农村社区综合服务中心建设规范》等15个城乡社区建设规范标准，使城乡社区建有标准、评有依据、管有办法。以专业服务推动城乡社区治理品牌建设。出台《关于政府向社会力量购买服务的实施办法》《关于确定具备承接政府职能转移和购买服务资质的社会组织目录的指导意见》，明确将部分社会管理与服务职能转移给社会组织，促进政府职能转移和政府购买服务协同推进（如图6-2）。

着力提升城乡社区治理水平。出台奖励政策，鼓励现有村（社区）干部通过考取社会工作者职业水平证书成为专业社会工作者，目前持证社工509人。建立"1+1+N"社区工作者队伍，实现社区居家养老网点全覆盖，重点建立失能、失智老人社区养老服务体系，城乡社区形成20分钟居民服务圈。实施"社会工作普及工程"，开设新一届村（社区）主职干部培训、各条线村（社区）干部培训、全国社会工作者职业水平考试等，提高现有村（社区）干部的专业素质和职业能力。

第六章　党建引领强治理：共创平安新家园　65

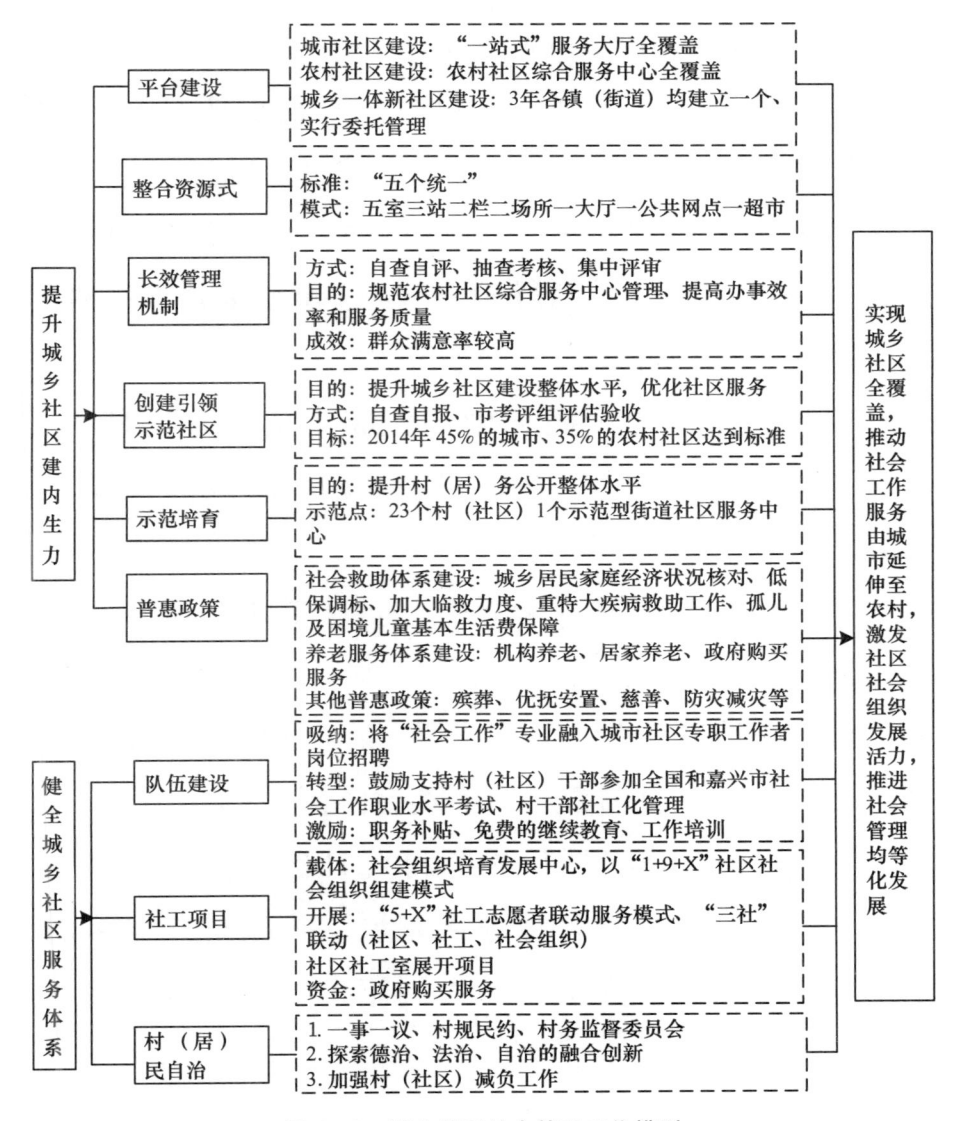

```
                    ┌─ 平台建设 ─── 城市社区建设："一站式"服务大厅全覆盖
                    │              农村社区建设：农村社区综合服务中心全覆盖
                    │              城乡一体新社区建设：3年各镇（街道）均建立一个、
                    │              实行委托管理
                    │
                    ├─ 整合资源式 ─ 标准："五个统一"
  提                │              模式：五室三站二栏二场所一大厅一公共网点一超市
  升                │
  城    ┌──────────┤              方式：自查自评、抽查考核、集中评审
  乡    │          ├─ 长效管理 ── 目的：规范农村社区综合服务中心管理、提高办事效
  社    │          │   机制        率和服务质量
  区    │          │              成效：群众满意率较高
  建 ──┤          │
  设    │          │              目的：提升城乡社区建设整体水平、优化社区服务
  内    │          ├─ 创建引领 ── 方式：自查自报、市考评组评估验收
  生    │          │   示范社区    目标：2014年45%的城市、35%的农村社区达到标准
  力    │          │
        │          │              目的：提升村（居）务公开整体水平
        │          ├─ 示范培育 ── 示范点：23个村（社区）1个示范型街道社区服务中
        │          │              心                                              实现城乡社区全覆盖，
        │          │                                                              推动社会工作服务由城
        │          │              社会救助体系建设：城乡居民家庭经济状况核对、低  市延伸至农村，激发社
        │          │              保调标、加大临救力度、重特大疾病救助工作、孤儿  区社会组织发展活力，
        │          └─ 普惠政策 ── 及困境儿童基本生活费保障                        推进社会管理均等化发
        │                         养老服务体系建设：机构养老、居家养老、政府购买  展
        │                         服务
        │                         其他普惠政策：殡葬、优抚安置、慈善、防灾减灾等
        │
        │          ┌─ 队伍建设 ── 吸纳：将"社会工作"专业融入城市社区专职工作者
        │          │              岗位招聘
        │          │              转型：鼓励支持村（社区）干部参加全国和嘉兴市社
  健    │          │              会工作职业水平考试、村干部社工化管理
  全    │          │              激励：职务补贴、免费的继续教育、工作培训
  城    │          │
  乡    │          │              载体：社会组织培育发展中心，以"1+9+X"社
  社 ──┤          │              会组织组建模式
  区    │          ├─ 社工项目 ── 开展："5+X"社工志愿者联动服务模式、"三社"
  服    │          │              联动（社区、社工、社会组织）
  务    │          │              社区社工室展开项目
  体    │          │              资金：政府购买服务
  系    │          │
        │          │              1. 一事一议、村规民约、村务监督委员会
        └──────────┴─ 村（居）── 2. 探索德治、法治、自治的融合创新
                       民自治     3. 加强村（社区）减负工作
```

图 6-2　城乡社区社会管理工作模型

资料来源：海盐县就地城镇化办公室。

三　坚持"法治、德治、自治"并举

海盐县深入推进"法治、德治、自治"三治并举

的基层社会治理工作机制建设，叫响"大事一起干、好坏大家判、事事有人办"口号，着力形成具有时代特征、海盐特色的基层社会治理新模式。

建立健全以村（社区）党组织为领导核心，村（居）民委员会及村（股份）经济合作社为执行主体，村（居）务监督委员会为监督机构，村（居）群众组织为参与力量，便民服务中心、综治工作站为依托，多元主体合作互补、共同治理的新型社区治理基本架构。

以"民主法治村（社区）"创建工作为载体，不断加强农村基层民主法治建设。强化法治文化广场、文化墙、法治宣传栏、法律图书角等各类法治文化阵地建设。开展"百名法律顾问结百村"活动，组织律师、法律服务工作者队伍参与村（社区）重大事务法律风险评估，让法治氛围深入基层。积极推进城乡警务一体化，建立治安防控八大网络，不断提升城乡治安保障体系。

推进"乡贤议事会"建设，进一步弘扬乡贤文化，完善乡贤工作机制，成为基层治理的利器。引入承包组长、老党员、退休教师、退休干部、创业带头人等，积极参与村规民约制定、畅通民情民意、参与村庄民主监督等多项工作，协助化解疑难矛盾纠纷，促进村民自治。加快村（社区）自治组织回归其自治本质，充分发挥"村规民约"在促进村民自治、村庄建设、村务管理、文明乡风中的积极作用,推进"农民的事、农民议、农民定、农民管"。如在推进全县"五水共治",助力美丽乡村建设等工作中,充分发挥村规民约的引导和约束作用,提高了村民建设生态宜居新农村的参与感和获得感,凝聚了人心,促进了乡村文明新风的形成。

【案例】乡村治理——秦山街道永兴村

永兴村位于海盐县秦山街道西南部,全村区域面积3.86平方公里,现有耕地面积1655亩,承包组15个,农户491户,总人口1576人。近年来,先后获得省级美丽宜居村庄、特色精品村、省级森林村庄、市文明村、市民主法治村、市生态村、市优美庭院示范村。

随着文溪坞风景区的开放、各项建设的推进,面临诸多基层治理难题。永兴村通过不断探索,将"自治、法治、德治"建设作为基层治理工作的重要抓手,发挥"一约二会三团"村党组织领导核心作用,战斗堡垒作用凸显,连续12年被评为"平安村"。目前在"三治融合"工作中支委引领、党员带头,从而营造推进乡村振兴全面发展的良好环境。

一是自治为本，治理有力。永兴村不断完善《居民自治章程》《村规民约》《社区财务管理制度》《居务公开制度》等一系列切实可行的居民自治制度。以制度管人、管事，用制度规范居民委员会、组级干部、居民的行为。如制定环境卫生红色公约，探索以村两委为骨干领导，村建委、村乡贤团队为两翼辅助村务工作格局。以乡贤团队为主每月对村庄环境卫生、房前屋后卫生、垃圾分类情况进行检查考核，并将检查结果在村公示栏中公示，对考核结果符合要求的发放奖励，达到相互促进、先进带后进的效果。发挥乡贤参与村庄全域环境卫生整治，村容村貌、垃圾减量分类宣传引导和工程监理、审核、验收。通过各项制度的修订，各组织之间的关系更明确，工作协调，组织自我管理、自我教育、自我服务的自治功能也越来越好，各项居务均能依法依章有序进行。

二是法治为纲，治理有序。永兴村法治教育做到经常化，召开各种会议时先学法。按照"七五"普法要求，永兴村成立了由支部书记为组长，居民委员为组员的普法领导小组，各小组长为普法联络员，认真落实"七五"普法各项任务，收到了良好的效果。同时，推动结对法律顾问讲学服务精准化，给村民提供法律援助。2018年1月10日，由街道司法所牵头组织永兴村结对律师为本村合星一组村民开展专题法律知识讲座，解决一组村民对当前矛盾纠纷的诸多法律疑问。结合文溪坞景区建设，丰富法制宣传阵地，建成法治文化长廊、法治宣传栏、法治图书角、法治礼堂等一批宣传阵地，并每月及时更新宣传栏，让老百姓有了学法、休闲的好去处。

三是德治为魂，治理有效。永兴村每年在各种会议上开展社会主义核心价值观宣讲，从国家、社会、公民三个层次开展教育宣传活动。组建村乡贤团队参与剿灭劣五类水、农民建房承诺、十佳好媳妇评比和最美家庭等评选活动，把树村风、立家风家训发扬光大。年底向村民发年货送上新年祝福；组织80岁以上老人在村文化礼堂吃年夜饭。对村民垃圾分类、房前屋后环境卫生实行每月评比，每个季度奖励煤气票一张；为了营造崇学尚学的氛围，农户家里孩子考上大学，就有奖励。考上一本的奖励3000元，考上二本的奖励1500元，考上专科的奖励800元；为了鼓励大家参军爱国，村民入伍奖励3000元。农户家里办喜事，村里会给800元的祝福红包。村民家里办白事，村里会送去800元的慰问金。"好家风"就是好文化，让家风与文明相伴，传承不息，家庭才会更和谐。

第七章　打造乡村振兴示范地：
　　　　海盐再出发

　　当前，海盐县处于工业化中后期、城镇化快速推进期和现代农业的初步形成期，海盐的产业结构（2017年三产比例为4.4∶58.6∶37.0）是以工业为支撑的"二三一"模式，经济增长尚处在主要依靠第二产业带动阶段。以此为基础和定位，海盐将再一次出发，坚持"接轨大上海"首位战略，着眼融入长三角城市群和大湾区经济圈，把基础设施和公共服务接轨作为关键切入，把产业和创新接轨作为重要目标，全面推进政策机制、交通设施、产业发展、科技人才等的接轨与合作。坚持抢抓"融入大湾区"战略机遇，强化"湾区前沿、全域湾区"的优势，主动参与全省大湾区建设行动，调整完善空间布局，加快优化产业平台，全力加强要素保障，着力打造以"万亩空间、千亿平台、百亿企业"为主要内容的杭州湾两桥间黄金海岸经济带。坚持对接"推进大交通"战略安排，抢抓沪乍杭铁路、沪嘉甬跨海铁路及嘉兴轨道1号线等重大交通基础设施规划建设的机遇，创新打造"海陆空"立体式交通枢纽，进一步畅通对外大通道，联通对内大网络，促进区域大融合。坚持"聚力大发展"，突出工业强县和招商引资"一号工程"不动摇，更加注重科技创新的引领力、要素配置改革的倒逼性和有效投入的支撑度，推进新兴产业培育和传统产业改造提升，全力以赴抓实体经济发展。坚持"建设大花园"，积极探索"绿水青山"转化为"金山银山"的新模式，以生态建设促进经济转型升级，积极打造全域旅游示范区，山水六旗乐园2019年实现对外开放，大力发展乡村旅游、工业旅游。

到2022年，乡村振兴取得重大进展，率先建成省级乡村振兴示范县。现代农业体系基本建成，农业法人化经营比例达90%，年销售收入千万元以上的名牌农产品15个，新增农村固定资产投资100亿元。农村生态全域改善，建成高标准美丽乡村风景线4条、精品村20个、3A级景区村庄10个。农村同步建成高水平全面小康社会，市级以上文明村达50%，"三治"融合治理村实现全覆盖，"三治融合"示范村50%以上。村级年经常性收入全部达到150万元以上、年经营性收入达50万元以上，农村居民可支配收入达到

45000元以上。农村产权交易额超3亿元，新增涉农贷款180亿元以上，实施全域土地综合整治7.8万亩。

到2035年，乡村振兴基本实现，农业农村现代化率先实现，城乡实现全面融合，农民群众共同富裕走在前列。

到2050年，乡村振兴目标高水平全面实现，农业农村现代化高质量全面实现，农民群众共同富裕高标准全面实现，农业强、农民富、农村美全面呈现。

（一）实施产业融合工程。深化农业供给侧结构性改革，坚持"优粮食、强经作、绿畜禽、稳水产"，大力提升葡萄产业，突出富硒特色产品优势，推进水产养殖绿色发展，引导发展休闲旅游农业、农产品加工业、现代物流业（冷链物流）等新兴产业。创新发展农业经济开发区模式，高标准推进农业综合园区和特色农业强镇建设，深化农业"两区"建设，聚力打造农业田园综合体。强化科技兴农，建立县级智慧农业云平台，加快农业物联网等新技术推广应用，推进农业领域"机器换人"。

（二）实施乡村靓化工程。主动融入大湾区、大花园、大交通，加快建成生态宜居的江南水乡典范。健全城乡一体新社区管理体制机制，做大做强新市镇，做优做美传统自然村落。围绕"醉美乡村·全景海盐"的目标，按照"点上精致、线上出彩、面上美丽"标准，构建"房在林中、村在景中、人在画中、行在梦中"的江南水乡范本，建设全域大花园。全面推进农村垃圾革命、污水革命、厕所革命。健全农村生活垃圾分类运行体系，强化农村生活污水运维管理，推动生态公厕创建和农户水冲式卫生厕所普及。

（三）实施新风引领工程。坚持物质文明和精神文明一起抓，以农村文化礼堂为主阵地，培育文明乡风、良好家风、淳朴民风，激发乡村文化活力，提振农民精气神，全面塑造淳朴向善的良好乡风。广泛开展星级文明户、文明家庭等群众精神文明创建，深化文明村镇创建活动。深入开展文化科技卫生"三下乡""文化示范户"等活动，切实加强农村优质文化产品和服务供给，打造农村特色文化品牌。加强农业农村文化遗产挖掘保护利用，保护好文物古迹、传统村落、传统建筑、古树名木等。

（四）实施村域善治工程。强化农村基层党组织领导核心地位，提升农村党组织组织力。创新乡村治理机制，完善自治、法治、德治相结合的治理体系。深化农村"网格化管理、组团式服务"，推进综合治理、市场监管、综合执法、便民服务"四大平台"建设向基层延伸，完善"综合指挥中心+四大平台+全科网格员"运行机制。坚持自治为基、法治为本、德治为先，健全基层党组织领导的自治机制，培育有地方特色和时代精神的新乡贤文化，深入挖掘乡村熟人社会的道德规范，加强道德讲堂、文化礼堂、德育基地等载体建设。

（五）实施农民增收工程。保障和改善民生，实现农民群众对美好生活的新期待。深入实施农民素质提升和农村实用人才培育工程，提高农民岗位技能和就业能力。培育农村"领创"人才，发展乡村旅游、养生养老、农村电商等新业态，以保底分红、股份合作、利润返还等形式提高农民增值收益，增加农民经营性收入。深化推进农村产权制度改革，实施"强村计划"和"飞地抱团"等模式，增加农民财产性收入。统筹城乡教育、文化、医疗、卫生、社保等事业发展，着力提升基本公共服务均等化水平。

改革发展没有完成时，站在新时代的起点上，山水清淑、人杰地灵的海盐将再次出发，高举习近平新时代中国特色社会主义思想伟大旗帜，全面贯彻党的十九大精神，按照"产业兴旺、生态宜居、乡风文明、治理有效、生活富裕"总要求，大力弘扬"红船精神"，推动城乡融合发展水平向更高层次不断迈进，全力打造乡村振兴示范地，让50万儿女共享一座城的发展，同守一座城的幸福。

附录一　海盐县就地城镇化系列标准目录

序号	标准名称	标准编号
1	农村土地承包经营权流转管理规范	DB330424/T 23—2015
2	农村土地承包经营权流转风险保障金管理规范	DB330424/T 24—2015
3	村级集体"三资"委托双代理管理规范	DB330424/T 25—2015
4	农村集体资产产权交易管理规范	DB330424/T 26—2015
5	家庭农场建设和示范性家庭农场评定规范	DB330424/T 27—2015
6	农业生产社会化服务管理规范	DB330424/T 28—2015
7	农民专业合作社建设与运行规范	DB330424/T 29—2015
8	设施农用地管理规范	DB330424/T 30—2015
9	就地城镇化评价指标体系	DB330424/T 31—2015
10	城乡一体化公共交通建设与服务规范	DB330424/T 32—2015
11	城乡一体化公共教育服务规范	DB330424/T 33—2015
12	城乡一体化公共卫生服务提供规范	DB330424/T 34—2015
13	城乡一体化公共文化体育服务规范	DB330424/T 35—2015
14	城乡一体化公共就业服务提供规范	DB330424/T 36—2015
15	城乡一体化社会保障服务提供规范	DB330424/T 37—2015

续表

序号	标准名称	标准编号
16	村级组织建设规范	DB330424/T 38—2015
17	农村社区综合服务中心建设规范	DB330424/T 39—2015
18	农村环境卫生基础设施设置规范	DB330424/T 40—2015
19	农村保洁服务与管理规范	DB330424/T 41—2015
20	畜禽养殖污染防治与管理规范	DB330424/T 42—2015
21	死亡动物无害化处理规范	DB330424/T 43—2015
22	水环境综合治理和维护规范	DB330424/T 44—2015
23	农村村庄规划布局	DB330424/T 45—2015
24	农村承包土地的经营权抵押贷款管理规范	DB330424/T 46—2015
25	农村劳务合作社建设与管理规范	DB330424/T 47—2015

附录二 就地城镇化评价指标体系

前言

本标准依据 GB/T 1.1—2009 给出的规则起草。

本标准由中共海盐县委、海盐县人民政府农业与农村工作办公室提出并归口。

本标准起草单位为：中共海盐县委、海盐县人民政府农业与农村工作办公室、浙江省标准化研究院。

本标准起草人员为：方忠明、陶照明、钟冬娟、应珊婷、朱永光、周朱良、姚勤华、沈雪娟、汤敏、魏建凤、张永华、汤云峰、叶惠玉、许建华、刘支群、薛建芳、张越茜、顾擎峰、钟革伟、吴叶慧、李琳琳、苏胜华。

就地城镇化评价指标体系

范围

本标准规定了就地城镇化评价指标体系的原则、

内容、指标内涵与计算方法、评价实施要求。

本标准适用于以县域为单位的就地城镇化的评价。

规范性引用文件

下列文件对于本文件的应用是必不可少的。凡是注日期的引用文件，仅所注日期的版本适用于本文件。凡是不注日期的引用文件，其最新版本（包括所有的修改单）适用于本文件。

GB/T 50378 绿色建筑评价标准

HJ 633 环境空气质量指数（AQI）技术规定

DB330424/T 39 农村社区综合服务中心建设规范

术语和定义

下列术语和定义适用于本标准。

就地城镇化

人口和聚落未通过大规模空间迁移，在一定范围内，依托小城镇和新型农村社区实施基本公共服务均等化，逐步实现生产、生活方式市民化的一种新型城镇化模式。

城镇

本标准所指的城镇指县人民政府、行政公署所在的建制镇的镇区和其他建制镇的镇区。

城乡

本标准所指城乡包括城镇和农村。

农村

本标准所指农村包括城镇以外的区域。

基本原则

科学性

指标选取应具有较强的代表性,数据结果能够全面、客观地反映就地城镇化的建设与发展情况,各指标具有明确的内涵和外延。

协调性

应与国民经济核算体系、相关统计制度相协调,与新型城镇化总体发展目标相衔接。

系统性

指标体系应根据就地城镇化的特征进行设计,应体现各指标的内在逻辑性和相互关联性。

发展性

指标体系的设计应根据就地城镇化实际发展水平和发展目标,适当考虑时间延展性。

可操作性

指标体系在实际运作中应切实可行。各指标的数据结果应具有统计依据,建立在已有的统计数据基础上。

评价指标体系

评价指标体系由一级指标 A_i、二级指标 B_j 和三级指标 C_k 组成。一级指标包括规划布局、经济发展、环境友好、公共服务、要素流动五类。每类一级指标分别由若干二级指标 B_j 组成，每类二级指标分别由若干三级指标 C_k 组成。就地城镇化评价指标体系见表1。

表1　　　　　　　　就地城镇化评价指标体系

一级指标 A_i	一级指标权重 WA_i	二级指标 B_j	二级指标权重 WB_j	三级指标 C_k	单位	目标值 E_0	三级指标综合权重 WC_k	备注
A_1 规划布局	0.20	人口结构	0.10	常住人口城镇化率	%	60	0.10	正向指标
		空间布局	0.10	第三产业增加值占生产总值的比重	%	65	0.10	正向指标
A_2 经济发展	0.20	经济收入	0.10	人均GDP	元/人	128100	0.033	正向指标
				农村居民人均可支配收入	元	28500	0.033	正向指标
				城乡居民收入比	—	1	0.034	逆向指标，越趋于1越好
		产业发展	0.10	非农GDP比重	%	95	0.034	正向指标
				农业标准化生产程度	%	70	0.033	正向指标
				农业机械化综合利用率	%	85	0.033	正向指标

续表

一级指标 A_i	一级指标权重 WA_i	二级指标 B_j	二级指标权重 WB_j	三级指标 C_k	单位	目标值 E_0	三级指标综合权重 WC_k	备注
A_3 环境友好	0.20	环境治理	0.067	城乡生活垃圾无害化处理率	%	100	0.017	正向指标
				农村生活垃圾日产日清率	%	100	0.016	正向指标
				城镇污水处理率	%	92.5	0.017	正向指标
				农村污水处理农户覆盖率	%	80	0.017	正向指标
		节能减排	0.067	单位GDP能耗	吨标准煤/万元	0.53	0.040	逆向指标
				城镇绿色建筑占新建建筑比例	%	50	0.007	正向指标
				规模化畜禽养殖粪便综合利用率	%	100	0.020	正向指标
		空气质量	0.066	环境空气质量优良率	%	85	0.066	正向指标
A_4 公共服务	0.30	基础设施	0.050	自来水普及率	%	100	0.007	正向指标
				城乡气化率	%	100	0.007	正向指标
				信息化发展指数	—	0.950	0.021	正向指标
				农村社区综合服务中心建成率	%	100	0.015	正向指标
		公共交通	0.050	公共交通分担率（含公共自行车）	%	20	0.025	正向指标
				城乡公交通村率	%	100	0.025	正向指标

续表

一级指标 A_i	一级指标权重 WA_i	二级指标 B_j	二级指标权重 WB_j	三级指标 C_k	单位	目标值 E_0	三级指标综合权重 WC_k	备注
	0.30	社会保障	0.050	城乡基本社会保险覆盖率	%	99	0.024	正向指标
				养老待遇平均水平	元/人月	1500	0.013	正向指标
				职工医保与居民医保的住院待遇差距	—	0.9	0.013	逆向指标
		公共教育	0.050	义务教育综合均衡差异系数	—	0.35	0.037	逆向指标
				符合条件的常住人口随迁子女学位供给率	%	100	0.013	正向指标
		就业	0.025	城镇登记失业率	%	2.9	0.011	逆向指标
				就地就业率	%	96	0.011	正向指标
				农村劳务合作社组建率	%	100	0.003	正向指标
		文化体育	0.025	人均公共文化体育设施面积	平方米/人	1.5	0.013	正向指标
				人均拥有公共图书馆藏书量	册	1.5	0.012	正向指标
		公共医疗	0.050	千人拥有医生数	人	2.51	0.025	正向指标
				县域内就诊率	%	96%	0.025	正向指标
A_5 要素流动	0.10	人力流动	0.045	外出劳动力回流率	%	5.3	0.045	正向指标
		土地流转	0.065	农用地流转率	%	50%	0.065	正向指标

评价指标内涵与计算方法

常住人口城镇化率

县域内城镇常住人口数量占县域常住人口总数的比重,单位:%。计算公式为:

$$常住人口城镇化率 = \frac{城镇常住人口数}{县域常住人口总数} \times 100\% \quad (1)$$

第三产业增加值占生产总值的比重

县域内第三产业增加值占生产总值的比重,单位:%。计算公式为:

$$\frac{第三产业增加值占}{生产总值的比重} = \frac{第三产业增加值}{生产总值} \times 100\% \quad (2)$$

人均 GDP

一定时期内按常住人口平均计算的地区生产总值,单位:元。计算公式为:

$$人均 GDP = \frac{县域 GDP}{县域年平均常住人口} \times 100\% \quad (3)$$

农村居民人均可支配收入

农村居民可支配收入是将农村居民家庭总收入扣除各类相应的支出后,得到的初次分配与再分配后的收入。可支配收入通常是指居民家庭可用于最终消费、非义务性支出以及储蓄的收入,包括工资性收入、家庭经营纯收入、财产性收入和转移性收入。农村居民人均可支配收入是按照农村家庭常住人口计算的人均可支配收入,是指农村家庭中所有成员的平均收入,单位:元。家庭成员既包括有工作和收入的人员,也包括家庭中没有收入的其他成员,如老人和未成年子女等。计算公式为:

$$农村居民人均可支配收入 = \frac{农村居民可支配收入}{县域农村家庭常住人口数} \times 100\% \quad (4)$$

式中:

农村居民可支配收入 = 农村居民总收入 − 家庭经营费用支出 − 税费支出 − 生产性固定资产折旧 − 财产性支出 − 转移性支出

城乡居民收入比

城镇居民人均可支配收入与农村居民人均可支配收入之比,无量纲。计算公式为:

$$城乡居民收入比 = \frac{城镇居民人均可支配收入}{农村居民人均可支配收入} \times 100\% \quad (5)$$

非农 GDP 比重

一定时期内地区非农产业增加值占该地区生产总值的比例,单位:%。计算公式为:

$$非农 GDP 比重 = \frac{第二产业增加值 + 第三产业增加值}{县域 GDP} \times 100\% \quad (6)$$

农业机械化综合利用率

反映农业机械化在全县粮食作物种植中综合利用

的程度，单位:%。粮食作物包括水稻、大小麦等粮食作物，不包括粮油。计算公式为：

$$农业机械化综合利用率 = 机收率 \times 30\% + 机耕率 \times 40\% + 机插率 \times 30\% \tag{7}$$

式中：

$$机收率 = \frac{机器收割的面积}{县域内粮食作物面积} \times 100\% \tag{8}$$

$$机耕率 = \frac{机器耕地的面积}{县域内粮食作物面积} \times 100\% \tag{9}$$

$$机插率 = \frac{机器插种的面积}{县域内粮食作物面积} \times 100\% \tag{10}$$

农业标准化生产程度

县域农业生产中实施标准化的程度，单位:%。计算公式为：

$$农业标准化生产程度 = 非畜禽类农业标准化生产程度 \times 60\% + 畜禽类农业标准化生产程度 \times 40\% \tag{11}$$

式中：

$$非畜禽类农业标准化生产程度 = \frac{农作物种植（农业）标准化实施面积 + 经济林种植标准化实施面积 + 水产养殖标准化实施面积}{农作物种植（农业）面积 + 经济林种植面积 + 水产养殖面积} \times 100\% \tag{12}$$

$$畜禽类标准化生产程度 = \frac{畜禽养殖标准化实施规模}{畜禽养殖总规模} \times 100\% \qquad (13)$$

城乡生活垃圾无害化处理率

城镇生活垃圾无害化处理率与农村生活垃圾无害化处理率的加和平均，单位:%。计算公式为：

$$城乡生活垃圾无害化处理率 = \frac{城镇生活垃圾无害化处理量}{城镇生活垃圾产生量} \times 50\% + \frac{农村生活垃圾无害化处理量}{农村生活垃圾产生量} \times 50\% \qquad (14)$$

式中：

生活垃圾无害化处理指卫生填埋、焚烧和资源化利用（如制造沼气和堆肥）；生活垃圾产生量是指地区生活垃圾清运量总和。

农村生活垃圾日产日清率

反映农村保洁的指标，指生活垃圾定点存放并得到日产日清的农村户数占农村总户数的比例，单位:%。计算公式为：

$$农村生活垃圾日产日清率 = \frac{生活垃圾定点存放并得到日产日清的农户数}{农户总数} \times 100\% \qquad (15)$$

城镇污水处理率

报告期建成区范围内污水处理总量与污水排放总量的比率，单位:%。计算公式为：

$$城镇污水处理率 = \frac{城镇污水处理总量}{城镇污水排放总量} \times 100\%$$

(16)

式中，污水排放总量可按当地供水总量乘以污水排放系数确定。

农村污水处理农户覆盖率

县域内生活污水经处理或综合利用的农户数占农户总数的百分比，单位:％。计算公式为：

$$农村污水处理农户覆盖率 = \frac{生活污水经处理或综合利用的农户数}{县域农户总数} \times 100\%$$

(17)

单位 GDP 能耗

单位 GDP 消耗的能源总量，单位：吨标准煤/万元。计算公式为：

$$单位 GDP 能耗 = \frac{能源消耗总量}{地区 GDP} \times 100\% \quad (18)$$

城镇绿色建筑占新建建筑比例

城镇符合 GB/T 50378 的民用绿色建筑建筑面积占新建民用建筑建筑面积的比例，单位:％。计算公式为：

$$城镇绿色建筑占新建建筑比例 = \frac{符合 GB/T 50378 的民用绿色建筑占地面积}{新建民用建筑占地面积} \times 100\%$$

(19)

规模化畜禽养殖粪便综合利用率

县域内畜禽养殖场（小区）综合利用的畜禽养殖粪便量与产生总量的百分比，单位:%。畜禽养殖粪便综合利用方式主要包括用作肥料、培养料、生产回收能源（包括沼气）等。计算公式为：

$$规模化畜禽养殖粪便综合利用率 = \frac{规模化畜禽养殖场（小区）粪便综合利用量（吨）}{规模化畜禽养殖场（小区）粪便产生总量（吨）} \times 100\%$$

（20）

环境空气质量优良率

全年环境空气质量优良天数占全年天数的百分比，单位:%。计算公式为：

$$环境空气质量优良率 = \frac{县域全年环境空气质量优良天数}{全年总天数} \times 100\%$$

（21）

式中，环境空气质量优良天数是指环境空气质量指数（AQI）达到 HJ 633 中一级和二级的天数。

自来水普及率

自来水供水覆盖的户数占区域内总户数的比例，单位:%。计算公式为：

$$自来水普及率 = \frac{自来水供水覆盖的户数}{县域总户数} \times 100\%$$

（22）

城乡气化率

使用煤气、液化气、天然气等用气人口占县域总人口的百分比，单位:%。计算公式为：

$$城乡气化率 = \frac{用气人口}{县域常住人口 + 暂住人口} \times 100\% \quad (23)$$

信息化发展指数

评价县域内信息化发展的综合指标，其计算方法按附录 A 执行。

农村社区综合服务中心建成率

辖区内社区、行政村建有社区综合服务中心的比例，单位:%。农村社区综合服务中心应符合 DB330424/T 39 的要求。计算公式为：

$$农村社区综合服务中心建成率 = \frac{县域建有综合服务中心的社区数}{社区总数} \times 50\% + \frac{县域建有综合服务中心的行政村数}{行政村总数} \times 50\% \quad (24)$$

公共交通分担率（含公共自行车）

居民选择公共交通的出行量占不含步行的出行总量的比例，单位:%。计算公式为：

$$公共交通分担率 = \frac{公共交通出行量（包含公共自行车）}{不含步行出行总量} \times 100\% \quad (25)$$

式中：

公共交通出行量包括采用公共汽电车、轨道交通、城市轮渡、公共自行车（不含出租汽车）交通方式的出行量。

城乡公交通村率

辖区内通城乡公共交通的行政村个数占行政村总数的比重，单位:%。计算公式为：

$$城乡公交通村率 = \frac{通城乡公共交通的行政村}{县域行政村总数} \times 100\% \quad (26)$$

城乡基本社会保险覆盖率

已参加城乡基本养老保险和城乡基本医疗保险人口占政策规定应参加人口的比重，单位:%。计算公式为：

城乡基本社会保险覆盖率 =（已参加城乡基本养老保险的人数/应参加基本养老保险的人数）×50% +（已参加城乡基本医疗保险的人数/应参加基本医疗保险的人数）×50%

$$城乡基本社会保险覆盖率 = \frac{已参加城乡基本养老保险的人数}{县域应参加基本养老保险的人数} \times 50\% + \frac{已参加城乡基本医疗保险的人数}{县域应参加基本医疗保险的人数} \times 50\% \quad (27)$$

式中：

已参加城乡基本养老保险人数包括企业职工基本

养老保险、机关事业单位社会养老保险、城镇居民养老保险、新型农村社会养老保险、被征地农民社会保障参保人数之和；已参加城乡基本医疗保险人数包括城镇职工基本医疗保险、城镇居民医疗保险（不含城镇居民参加新农合人数）以及参加新型农村合作医疗人数之和。

养老待遇平均水平

老年人中享受机关、事业退休待遇和企业职工、征地保障、居民养老等社会养老保险待遇的人员的平均待遇，单位：元/人/月。计算公式为：

$$养老待遇平均水平 = \frac{县域内养老待遇月均总支出}{县域享受养老待遇的总人数}$$

（28）

职工医保与居民医保的住院待遇差距

职工医保享有的住院报销比例与居民医保享有的住院报销比例的比值。计算公式为：

$$职工医保与居民医保的住院待遇差距 = \frac{职工医保享有的住院报销比例}{居民医保享有的住院报销比例}$$

（29）

义务教育综合均衡差异系数

衡量县域内义务教育校际间均衡情况的评估指标差异系数，无量纲。值越大，反映均衡水平越低。计算方法按教育部《县域义务教育均衡发展督导评估暂行办法》执行。

符合条件的常住人口随迁子女学位供给率

辖区内义务教育阶段符合相关规定要求的常住人口随迁子女学位供给的比例,单位:%。计算公式为:

$$符合条件常住人口随迁子女接受义务教育比例 = \frac{县域内义务教育阶段符合条件的常住人口随迁子女学位供给的人数}{义务教育阶段符合条件的常住人口随迁子女总数} \times 100\% \quad (30)$$

城镇登记失业率

城镇登记失业人数占城镇从业人员总数与城镇登记失业人数之和的比重,单位:%。计算公式为:

$$城镇登记失业率 = \frac{县域内城镇登记失业人数}{城镇从业人员总数 + 城镇登记失业人数} \times 100\% \quad (31)$$

式中:

城镇登记失业人员指非农业人口在劳动年龄(16周岁至退休年龄)内,有劳动能力、无业而要求就业、并在当地就业服务机构进行求职登记的人员。

就地就业率

辖区内劳动年龄段,有劳动能力和就业愿望的劳动者在本辖区内就业的就业率,单位:%。计算公式为:

$$就地就业率 = \frac{县域内在本地就业的劳动年龄段、有劳动能力和就业愿望的从业人员总数}{县域劳动年龄段劳动者总数} \times 100\%$$

(32)

农村劳务合作社组建率

县域内组建农村劳务合作社的行政村数量占行政村总数的比例。计算公式为：

$$农村劳务合作社组建率 = \frac{县域内组建农村劳务合作社的行政村数量}{县域行政村总数} \times 100\%$$

(33)

人均公共文化体育设施面积

县域常住人口平均每人拥有公共文化体育设施的建筑面积，单位：平方米/人。计算公式为：

$$人均公共文化体育设施面积 = \frac{公共文化设施建设面积 + 公共体育设施建设面积}{县域常住人口数} \times 100\%$$

(34)

人均拥有公共图书馆藏书量

辖区内每人拥有的公共图书馆藏书数，单位：册。计算公式为：

$$人均拥有公共图书馆藏书量 = \frac{县域内公共图书馆藏书数量}{县域常住人口数} \times 100\%$$

(35)

千人拥有医生数

平均每千人拥有在岗执业（助理）医师数，单位：人。计算公式为：

$$千人拥有医生数 = \frac{县域内在岗执业（助理）医师数}{县域常住人口数} \times 1000 \quad (36)$$

县域内就诊率

县域常住人口本年度在县域内的就诊人次数占县域内常住人口本年度就诊（县内、县外）总人次数的比例，单位:%。计算公式为：

$$县域内就诊率 = \frac{县域常住人口本年度在县域内的就诊人次数}{县域常住人口本年度就诊总人次数} \times 100\% \quad (37)$$

外出劳动力回流率

辖区内上年度外出而本年度未外出的劳动力占上年度全部外出劳动力的比例，单位:%。计算公式为：

$$外出劳动力回流率 = \frac{县域上年度外出而本年度未外出的劳动力}{县域上年度外出劳动力总数} \times 100\% \quad (38)$$

农用地流转率

县域内农用地流转面积占农村家庭承包耕地总面积比重，单位:%。计算公式为：

$$农用地流转率 = \frac{县域农用地流转面积}{县域农村家庭承包耕地总面积} \times 100\% \tag{39}$$

评价实施

实施主体

由政府相关部门实施或委托第三方开展评价。

数据采集

数据采集应按本标准的 5 和 6 执行，获得的数据应真实、有效。

综合评价结果计算方法

7.3.1 第 k 项三级指标 C_K 评价结果 D_K 的计算

采用百分制，计算第 k 项三级指标 C_k 的分值 D_k。对于正向指标，若某项指标实际值 E_k 大于等于该项指标目标值 E_{0k}，则该项指标分值计为 100；否则该项指标 C_k 的得分为：

$$D_k = \frac{E_k}{E_{0k}} \times 100 \times WC_k \tag{40}$$

式中：

D_k 为第 k 项三级指标 C_k 的评价分值；E_k 为报告期内第 k 项三级指标 C_k 的实际值；E_{0k} 为第 k 项三级指标 C_k 的目标值；WC_k 为第 k 项三级指标 C_k 的综合权重，见表 1。

对于逆向指标，利用倒数法进行同向化处理。逆

向指标 C_k 得分为：

$$D_k = \frac{E_{0k}}{E_k} \times 100 \times WC_k \qquad (41)$$

7.3.2 综合评价结果 P 的计算

计算方法为：

$$P = \sum_{k=1}^{36} D_k \qquad (42)$$

式中：

P 为就地城镇化综合评价结果；D_K 为第 K 项三级指标 C_k 的评价结果，计算方式按 7.3.1。

评价结果应用

7.4.1 评价结果可用于以县域为单位的就地城镇化水平的评估。

7.4.1 按评价结果 P 的分值，进行分等分级。当 $P<60$ 分，表明处于就地城镇化不成熟期；当 $60 \leqslant P < 80$ 时，表时处于就地城镇化培育期；当 $P \geqslant 80$ 时，表明处于就地城镇化发展期。

（规范性附录）
信息化发展指数

信息化发展指数评价体系及权重见表A.1。

表 A.1　　　　　　　　信息化发展指数指标体系

总指数	分类指数	指标	单位	分类权重	指标权重
信息化发展指数	一、基础设施指数	1. 电话拥有率	部/百人	21	6
		2. 电视机拥有率	台/百户		6
		3. 计算机拥有率	台/百户		3
		4. 企业每百人计算机使用量	台/百人		3
		5. 企业拥有网站的比重	%		3
	二、产业技术指数	6. 人均电信业务收入	元/人	20	10
		7. 每百万人发明专利授权量	项/百万人		10
	三、应用消费指数	8. 互联网宽带普及率	户/百人	21	7
		9. 政府门户网站综合应用水平	次/万人		7
		10. 城乡居民人均信息消费支出	元/人		7
	四、知识支撑指数	11. 平均受教育年限	年/人	20	5
		12. 成人识字率	%		5
		13. 每万人口15年义务教育在校学生数	人/万人		5
		14. 人均财政性教育经费支出	元/人		5
	五、发展效果指数	15. 电子信息制造业增加值占规上工业增加值的比重	%	18	6
		16. R&D经费支出占GDP的比重	%		6
		17. 人均GDP	元/人		6

附录三 农村村庄规划布局

前 言

本标准依据GB/T 1.1—2009《标准化工作导则 第1部分：标准的结构和编写》给出的规则起草。

本标准由海盐县住房和城乡规划建设局提出并归口。

本标准起草单位：海盐县住房和城乡规划建设局、海盐县国土资源局、浙江省标准化研究院。

本标准起草人：沈啸、朱健、余能超、吴彩芬。

本标准为首次发布。

农村村庄规划与布局

范围

本标准规定了农村村庄规划与布局的总则、土地利用规划、村庄风貌规划、道路交通设施规划、市政公用设施、河道水系规划等要求。

本标准适用于乡村地区村庄的规划布局。

规范性引用文件

下列文件对于本文件的应用是必不可少的。凡是注日期的引用文件，仅所注日期的版本适用于本文件。凡是不注日期的引用文件，其最新版本（包括所有的修改单）适用于本文件。

GB 5749 生活饮用水卫生标准

GB 18055 村镇规划卫生规范

CECS 354 乡村公共服务设施规划标准

CH/T 1031 新农村建设测量与制图规范

DL/T 5118 农村电力网规划设计导则

DB 33/T 842—2011 村庄绿化技术规程

村庄规划用地分类指南

术语和定义

村庄

人口居住相对集中，拥有少量工业企业及商业服务设施，但未达到市镇的居民聚集居住地。

城乡一体新社区

按照统筹城乡发展的要求，遵循乡村社区理念进行规划建设的新型农村居民集中居住区。新社区是新市镇的组成部分，也是新市镇居住空间的延伸，而新市镇是新社区的支撑和依托。

特色自然村落

指美丽乡村创建涉及的自然村、传统村落（或古村落）等文化底蕴深厚的自然村、人口相对集中户均占地面积较小的自然村、能够体现海盐地貌特色的自然村等，且按规划予以保留的村庄。

撤并村落

村庄规划中需要拆迁、合并的自然村庄。

总则

应统筹城乡生产力和人口布局，科学规划村庄基础设施、公共服务设施建设。

以自然、生态、人文为基础，充分利用河道水系、历史遗迹遗存和区域交通条件，通过分析村庄地理位置、优势产业、经济发展现状、生态自然环境条件和村庄当前的发展优劣势，合理定位村庄功能，制定村庄发展方向和目标，确定详细的村庄发展规划，体现出农村的自然风貌。

村庄应根据自然环境、历史沿革、交通条件合理布局，符合县域总体规划和镇总体规划，并与土地利用总体规划和各专项规划相衔接。

村庄规划应将村庄划分为城乡一体新社区、特色自然村落、撤并村落，撤并村落宜划分为近期撤并村落和中远期撤并村落。

规划应将下列村庄列入自然特色村落：

美丽乡村创建涉及的自然村；

传统村落、古村落、文化底蕴深厚的自然村；

人口相对集中、户均占地面积较小的自然村；

能够体现海盐地貌特色的自然村。

规划应将下列村庄列入撤并村庄：

处于城镇建设廊道上的村庄；

城镇规划建设范围内的村落；

规模小于20户的自然村。

村庄规划应以自然、生态、人文为基础，充分利用河道水系、历史遗迹遗存和区域交通条件，体现农村的自然风貌。

规划应节约集约利用土地资源，控制村庄用地总规模，村庄建设用地宜按其用途分为村民住宅用地、公共服务用地、产业用地、基础设施用地和其他建设用地5类。

村庄规划应包含：

a）村庄定位分析和发展目标；

b）村庄各类建设用地和产业用地的布局及规模；

c）村庄道路等级及相应交通设施；

d）村庄公用市政设施布点和工程管道走向。

村庄建设规划应包含：

a）村庄民居建设范围及其建设类型；

建设类型包含保留改造、搬迁、整体新建。

b）村委会等公共服务设施布局及规模；

c）村庄景观风貌规划。

规划制图符合 CH/T 1031 的要求。

土地利用规划
建设用地指标

规划应列出户均建设用地指标和户均住宅占地面积指标

户均建设用地指标和户均住宅占地面积指标符合县级相关规划控制的要求。

农村村庄户均住宅占地面积不大于 $100m^2$。

住宅用地规划

应根据地理环境、用地条件和使用需求，合理确定住宅的类型、朝向、层数、间距和结构布局。

独立式村民住宅应以低层为主，楼层数不宜高于 3 层，楼高不宜高于 10.5m。

公共服务设施规划

公共服务设施规划宜符合 CECS 354 的要求。

规划应包含村民委员会、医疗点、便民服务点、商店、健身路径（场所）、文化、多功能活动室等设施。

公共服务设施应集中布置，相邻村庄可合建共用，有道路与镇连接。

村庄风貌规划

村庄的建筑风格、环境等方面与县域江南水乡沿河发展的特色有机协调。

对具有历史文化意义的古建筑、水利设施、街巷、桥梁等历史遗迹遗存应在规划中予以保护。

对影响村容与环境景观的河道、建筑、道路、绿化等提出综合整治的意见和建议。

村庄建设风格、色彩、材质和建筑体量与自然环境协调，突出村庄特色，与历史风貌有机结合。

村庄规划应避免建设大马路、大广场等形象工程，对规划范围内的河道以疏浚为主，村庄的环境景观营造应充分利用现状存在的各类自然资源，减少人工建设景观。

村庄绿化符合 DB33/T 842 的要求，宜采用乡土树种。

道路交通设施规划

主要村庄纳入城乡公交一体化，设有公交站，有公交线路经过。

主路应与村外公路连接，主要道路宽度为 6—9m，次要村道为3—5m,并符合消防通达的要求。

应根据村庄需要,合理配置停车设施。

市政公用设施

合理规划供水、排水、供电、供气、防汛排涝(水闸、泵站)、通信、有线电视和垃圾收集处置设施。

村庄供水应纳入城乡一体化供水系统,供水水质符合GB 5749的要求,禁止采用地下水。

村庄雨水应利用自然地形,就近排入河道。

村庄生活污水处置采用集中纳管或就地处置方式,规划应符合环保部门的要求。

村庄电力设施规划符合DL/T 5118的要求,纳入乡镇供电系统,主要村庄设10kV及以上等级变压器。

有条件的村镇可设置管道燃气,接入乡镇燃气系统。

村庄通信纳入乡镇通信系统,与移动通信站间距不大于2km,有线电视、宽带网络全覆盖。

村庄环卫设施规划符合GB 18055的要求,结合公共设施设置公共厕所,生活垃圾集中处置,村庄设施垃圾房,面积与村庄规模相协调。

河道水系规划

河道规划宜与原有村庄在社会网络、道路系统、空间形态等方面良好衔接。

村庄防汛设施应按20年一遇设置。

村庄河道水系宜保留,保证水面覆盖率,禁止随意填埋。

附录四 农村土地承包经营权流转管理规范

目　次

前言

1　范围

2　术语与定义

　　2.1　农村土地流转

　　2.2　流转当事人

3　机构要求

　　3.1　机构设置

　　3.2　人员要求

　　3.3　设施要求

　　3.4　机构职责

4　流转条件

5　流转方式

　　5.1　转包

5.2 出租

5.3 互换

5.4 转让

5.5 入股

5.6 其他方式

6 流转程序

6.1 自主流转程序

6.2 委托流转程序

6.3 村机动地和农户退包土地的流转程序

7 土地流转管理

7.1 合同管理

7.2 土地流转经营权证

7.3 档案管理

7.4 土地流转纠纷解决

附录A（规范性附录） 村、镇、县三级土地流转程序

附录B（规范性附录） 土地承包经营权流转合同

附录C（规范性附录） 土地流转经营权证管理

前　言

本标准根据 GB/T 1.1—2009 给出的规则起草。

本标准由海盐县农业经济局提出并归口。

本标准的主要起草单位：海盐县农业经济局、浙

江省标准化研究院。

本标准的起草人：张玉观、姚晗珺。

农村土地承包经营权流转管理规范

范围

本标准规定了农村土地承包经营权流转的基本要求、机构管理、流转方式、程序、条件以及管理等内容。

本标准适用于农村土地承包经营权流转的管理。

术语与定义

下列术语和定义适用于本标准。

农村土地流转

将农村土地的所有权、承包权、经营权分置，坚持以家庭承包经营为基础，实行土地经营权有序流转。

流转当事人

流出方和流入方。

流出方

拥有农村土地家庭承包经营权的农户。

流入方

家庭农场、农民专业合作社、农业企业，或其他按有关法律及有关规定允许从事农业生产经营、具有农业经营能力的组织和个人。

机构要求

机构设置

村（社区）成立服务站、镇（街道）成立服务分中心、县成立服务中心，由县农业经济局负责管理。

人员要求

熟悉农村土地承包经营权流转的程序。

具有良好的沟通能力。

设施要求

土地流转机构应设立交易大厅、服务窗口、交易开标室、交易洽谈室等，建有信息化网络、设有档案室，配备电脑、打印机、扫描仪等设备。

机构职责

村（社区）服务站主要职责

宣传贯彻农村土地承包经营权流转的法律、法规和政策。

加强对土地流转风险的监控，引导土地适度规模经营。

搜集、核实、上报土地流转信息。

组织洽谈，使用规范的合同文本，指导办理土地流转合同签订等手续。

协调农村土地流转价格和对流入主体的资质审核。

接受农户委托，并按农户要求办理土地流转手续。

负责委托流转土地的流转合同签订。

负责委托流转的土地流转费的收取和发放。

负责处理土地流转双方的关系，包括土地位置的置换、流转纠纷的调解等。

负责受理并上报农村土地承包经营权证变更。

建立土地流转台账和档案。对土地流转相关资料进行审核、整理、存档。

镇（街道）服务分中心主要职责

宣传贯彻农村土地承包经营权流转的法律、法规和政策。

加强对土地流转风险的监控，建立土地流转监测制度，引导土地适度规模经营。

审核、汇总、上报、发布土地流转信息。

负责对土地流转价格的协调和流入主体的资质审核。

组织洽谈，使用规范的合同文本，指导办理土地流转合同签订等手续。

提供信息、法律和政策咨询，接受农村土地承包管理部门委托开展相关合同鉴证服务，协助办理变更、发放农村土地承包经营权证。

开展流转土地跟踪服务，对流转合同的履行和流转纠纷进行监督和调处。

接受县级业务主管部门的指导、管理，做好土地流转政策的落实。

建立土地流转档案。对土地流转相关资料进行审核、整理、存档。

县服务中心主要职责

宣传贯彻农村土地承包经营权流转的法律、法规和政策。

加强对土地流转风险的监控，引导土地适度规模经营。

发布本地区土地适度规模经营的信息，引导土地适度规模经营。

审核、发布土地流转供、求信息。

提供土地流转指导价格。

指导和管理基层土地流转工作，提供规范的合同文本。

主持规模土地流转竞标，拟订竞标方案，组织公开招标。

提供信息、法律和政策咨询，办理土地流转合同的鉴证。

对流转合同的履行进行监督，及时调处流转纠纷。

建立土地流转档案。对土地流转相关资料进行审核、整理、存档。

办理农村土地承包流转经营权证的发放与抵押登记。

流转条件

农村土地承包经营权流转应具有以下条件：

农村土地承包经营权权属明晰；

承包方具有流转出其农村土地承包经营权的意愿；

受让方应具备农业经营能力；

流出方与受让方就流转方式、价格、期限等协商一致；

流转项目符合国家的法律法规、环境保护政策、农业产业发展规划。

流转方式

转包

承包方将部分或全部土地承包经营权以一定期限转给同一集体经济组织的其他农户从事农业生产经营。转包后原土地承包关系不变，原承包方继续履行原土地承包合同规定的权利和义务。接包方按转包时约定的条件对转包方负责。

出租

承包方将部分或全部土地承包经营权以一定期限租赁给本集体经济组织以外的单位或个人从事农业生产经营。出租后原土地承包关系不变，原承包方继续履行原土地承包合同规定的权利和义务。承租方按出租时约定的条件对承包方负责。

互换

承包方之间对属于同一集体经济组织的承包地块进行交换，同时交换相应的土地承包经营权，应变更土地承包经营权证地块四至。

转让

承包方有稳定的非农职业或者有稳定的收入来源，经承包方申请和发包方同意，将部分或全部土地承包经营权让渡给其他从事农业生产经营的农户，由其履行相应土地承包合同的权利和义务。转让后原土地承包关系自行终止，原承包方承包期内的土地承包经营权部分或全部灭失。

入股

承包方将土地承包经营权作为股权与其他生产要素结合，在自愿的基础上组建土地股份合作社或者股份合作制企业等。

其他方式

符合有关法律和国家政策规定的方式。

流转程序

自主流转程序

流转双方洽谈磋商，确定流转方式、流转时间、流转价格以及流转收益支付方式等。

流转双方应签订规范的书面合同,经合同双方当事人签字盖章。

流转合同签订后,流出农户应将流转合同副本1份,交所在村(社区)农村土地流转服务站审核存档备查。

委托流转程序

农户向发包方或村(社区)服务站递交由户主签字的委托流转申请书。

受托方是否接受委托意向应在半个月内通知委托农户。

受托方接受委托后,应与委托农户签订委托流转协议,并将受委托的土地地块位置、面积、适宜项目、流转方式、价格等基本情况,自下而上通过村(社区)、镇(街道)、县土地流转服务平台向社会发布信息公告。

有意承接流转土地的经营业主,向县或镇(街道)土地流转服务组织提交承接流转土地的意向书。

县或镇(街道)土地流转服务组织应及时召集受托方和已提交承接流转土地意向书的租赁方进行磋商,协商确定流转价格及有关事项。有多个承接申请人时也可以通过招标的办法确定流转价格,签订流转合同,双方签字。

村（社区）、镇（街道）、县三级土地流转程序见附录A。

村机动地和农户退包土地的流转程序

村（组）集体经济组织召开社员代表大会（户长会议），制定集体土地流转方案，经社员（股东）代表大会（户长会议）三分之二以上表决通过确定委托流转主体［一般为村（社区）（股份）经济合作社］、面积、期限、价格等授权事宜。

村（社区）（股份）经济合作社通过镇（街道）、县土地流转服务平台发布公告，将本集体组织需流转土地的面积、坐落位置、流转条件、流转价格等有关信息对外公布。

镇（街道）土地流转服务组织接受有承接意向者递交的意向书后及时组织土地流转双方对接、洽谈，签订流转合同，并将流转合同副本留镇（街道）备案。

土地流转管理

合同管理

合同种类

土地承包经营权转包（出租）合同见附录B表B.1。

土地承包经营权互换合同见附录 B 表 B.2。

土地承包经营权转让合同见附录 B 表 B.3。

土地承包经营权入股合同见附录 B 表 B.4。

土地承包经营权委托流转合同见附录 B 表 B.5。

合同订立

承包方流转农村土地承包经营权，应与受让方签订书面流转合同。承包方委托发包方或中介服务组织流转其承包土地的，流转合同应当由承包方或其书面委托代理人签订。承包方将土地交由他人代耕不超过一年的，可不签订书面合同。

农村土地承包经营权流转合同一式四份，流转双方各执一份，发包方和镇（街道）人民政府（办事处）农村土地承包管理部门各备案一份。

土地流转经营权证

土地流转经营权的登记由申请人自愿向农村土地流转服务组织提出。具体流程和手续见附录 C。

档案管理

县、镇（街道）、村（社区）三级农村土地承包管理部门应严格按照档案管理的要求，对农村土地承包经营权流转合同及有关文件、文本、资料等及时进行分类整理，归档妥善保管。

档案应永久性保存。

土地流转纠纷解决

民间协商

农村土地承包经营权流转发生争议或者纠纷,当事人应当依法协商解决。

乡村调解

当事人协商不成的,可以请求村(居)民委员会、镇(街道)人民政府(办事处)调解。

县级仲裁

当事人不愿协商或者调解不成的,可以向农村土地承包仲裁机构申请仲裁。

司法诉讼

当事人不愿协商、调解不成或不满仲裁结果的,也可以直接向人民法院起诉。

(规范性附录)
村、镇、县三级土地流转程序

村土地流转程序

村土地流转程序如图 A.1。

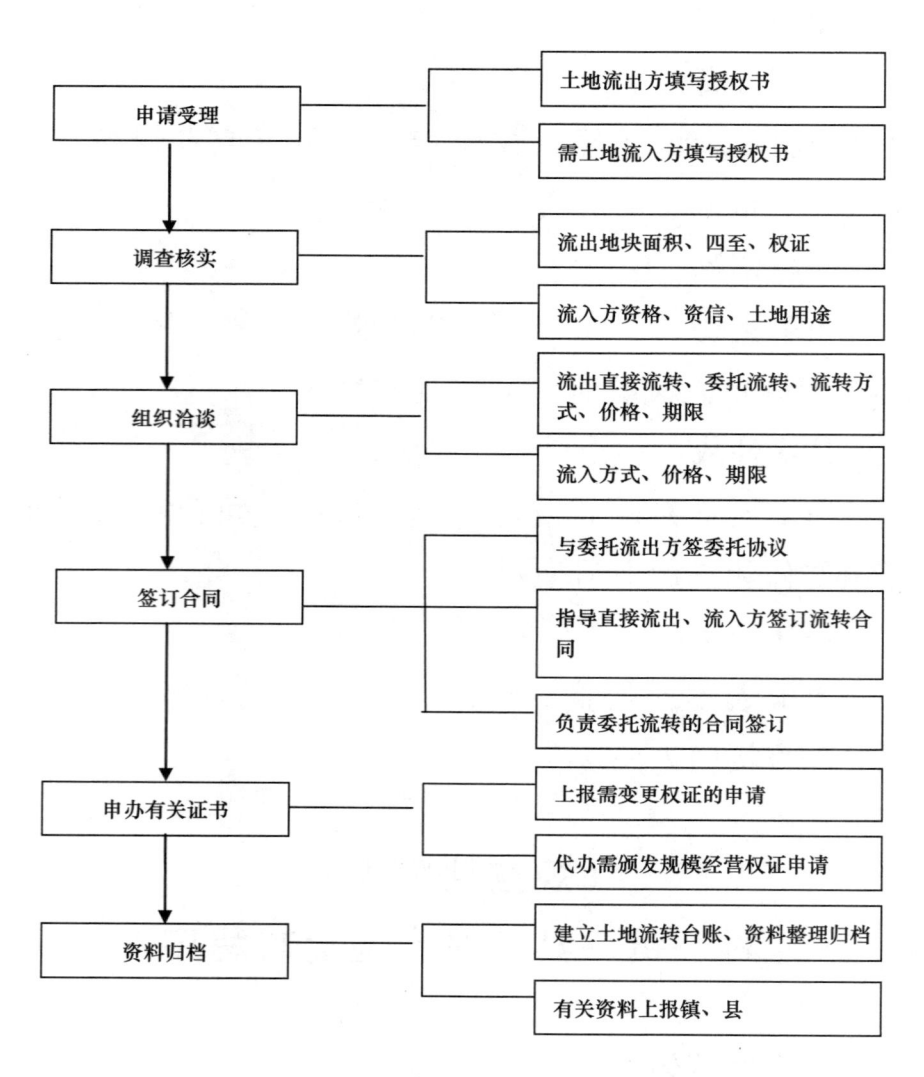

118　改革协同推进　城乡融合发展

```
申请受理 ──┬── 土地流出方填写授权书
           └── 需土地流入方填写授权书
   │
   ▼
调查核实 ──┬── 流出地块面积、四至、权证
           └── 流入方资格、资信、土地用途
   │
   ▼
组织洽谈 ──┬── 流出直接流转、委托流转、流转方式、价格、期限
           └── 流入方式、价格、期限
   │
   ▼
签订合同 ──┬── 与委托流出方签委托协议
           ├── 指导直接流出、流入方签订流转合同
           └── 负责委托流转的合同签订
   │
   ▼
申办有关证书 ──┬── 上报需变更权证的申请
               └── 代办需颁发规模经营权证申请
   │
   ▼
资料归档 ──┬── 建立土地流转台账、资料整理归档
           └── 有关资料上报镇、县
```

图 A.1　村土地流转程序

镇土地流转程序

镇（街道）土地流转程序如图 A.2。

附录四 农村土地承包经营权流转管理规范

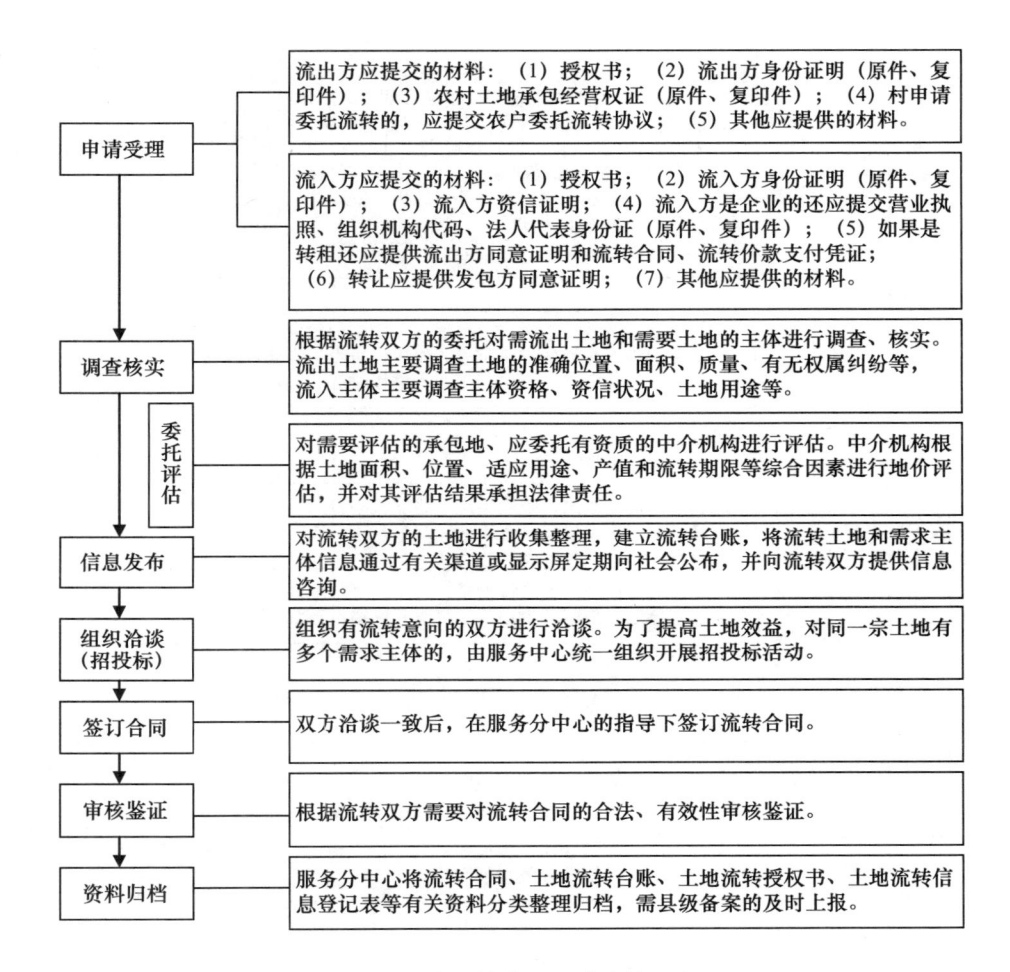

申请受理	流出方应提交的材料：（1）授权书；（2）流出方身份证明（原件、复印件）；（3）农村土地承包经营权证（原件、复印件）；（4）村申请委托流转的，应提交农户委托流转协议；（5）其他应提供的材料。
	流入方应提交的材料：（1）授权书；（2）流入方身份证明（原件、复印件）；（3）流入方资信证明；（4）流入方是企业的还应提交营业执照、组织机构代码、法人代表身份证（原件、复印件）；（5）如果是转租还应提供流出方同意证明和流转合同、流转价款支付凭证；（6）转让应提供发包方同意证明；（7）其他应提供的材料。
调查核实	根据流转双方的委托对需流出土地和需要土地的主体进行调查、核实。流出土地主要调查土地的准确位置、面积、质量、有无权属纠纷等，流入主体主要调查主体资格、资信状况、土地用途等。
委托评估	对需要评估的承包地、应委托有资质的中介机构进行评估。中介机构根据土地面积、位置、适应用途、产值和流转期限等综合因素进行地价评估，并对其评估结果承担法律责任。
信息发布	对流转双方的土地进行收集整理，建立流转台账，将流转土地和需求主体信息通过有关渠道或显示屏定期向社会公布，并向流转双方提供信息咨询。
组织洽谈（招投标）	组织有流转意向的双方进行洽谈。为了提高土地效益，对同一宗土地有多个需求主体的，由服务中心统一组织开展招投标活动。
签订合同	双方洽谈一致后，在服务分中心的指导下签订流转合同。
审核鉴证	根据流转双方需要对流转合同的合法、有效性审核鉴证。
资料归档	服务分中心将流转合同、土地流转台账、土地流转授权书、土地流转信息登记表等有关资料分类整理归档，需县级备案的及时上报。

图 A.2 镇（街道）土地流转程序

县土地流转程序

县土地流转程序如图 A.3。

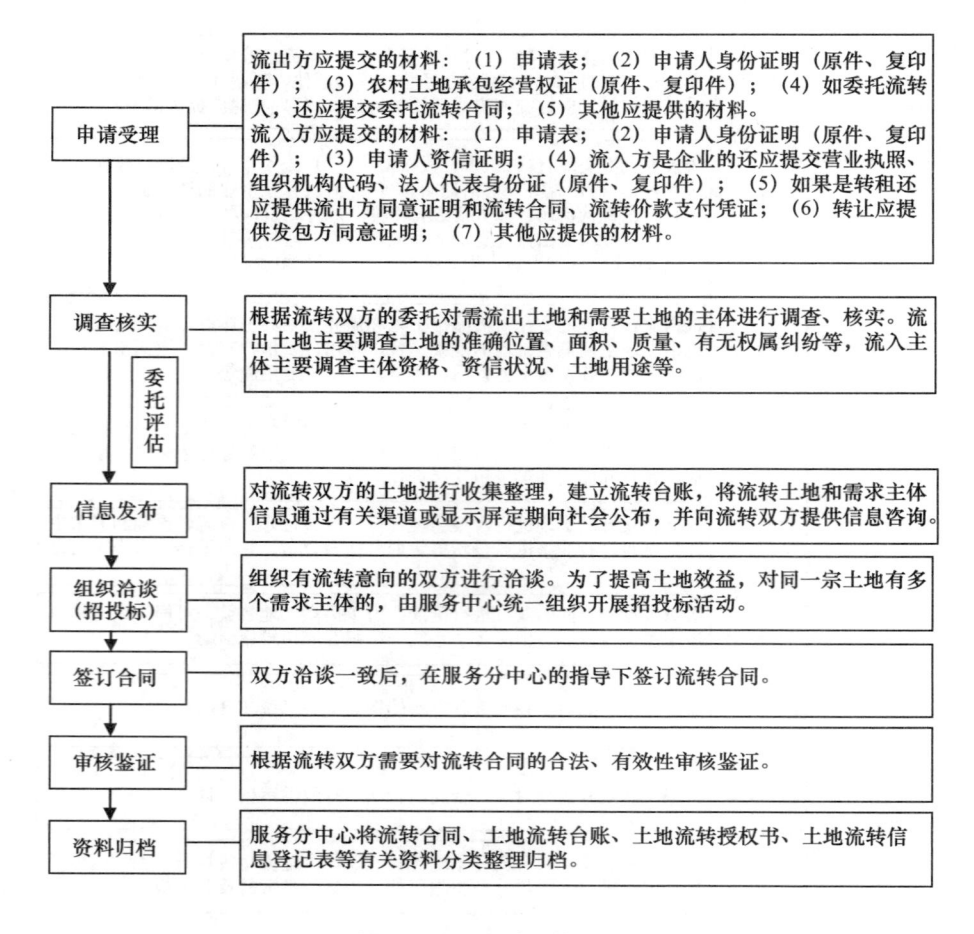

申请受理	流出方应提交的材料：(1) 申请表；(2) 申请人身份证明（原件、复印件）；(3) 农村土地承包经营权证（原件、复印件）；(4) 如委托流转人，还应提交委托流转合同；(5) 其他应提供的材料。 流入方应提交的材料：(1) 申请表；(2) 申请人身份证明（原件、复印件）；(3) 申请人资信证明；(4) 流入方是企业的还应提交营业执照、组织机构代码、法人代表身份证（原件、复印件）；(5) 如果是转租还应提供流出方同意证明和流转合同、流转价款支付凭证；(6) 转让应提供发包方同意证明；(7) 其他应提供的材料。
调查核实（委托评估）	根据流转双方的委托对需流出土地和需要土地的主体进行调查、核实。流出土地主要调查土地的准确位置、面积、质量、有无权属纠纷等，流入主体主要调查主体资格、资信状况、土地用途等。
信息发布	对流转双方的土地进行收集整理，建立流转台账，将流转土地和需求主体信息通过有关渠道或显示屏定期向社会公布，并向流转双方提供信息咨询。
组织洽谈（招投标）	组织有流转意向的双方进行洽谈。为了提高土地效益，对同一宗土地有多个需求主体的，由服务中心统一组织开展招投标活动。
签订合同	双方洽谈一致后，在服务分中心的指导下签订流转合同。
审核鉴证	根据流转双方需要对流转合同的合法、有效性审核鉴证。
资料归档	服务分中心将流转合同、土地流转台账、土地流转授权书、土地流转信息登记表等有关资料分类整理归档。

图 A.3　县土地流转程序

（规范性附录）
土地承包经营权流转合同

土地承包经营权转包（出租）合同

土地承包经营权转包（出租）合同如下：

合同编号：

土地承包经营权转包（出租）合同

甲方（转包方、出租方）：_____
住所：_____联系电话：_____
乙方（接包方、承租方）：_____
住所：_____联系电话：_____

根据《中华人民共和国农村土地承包法》、《农村土地承包经营权流转管理办法》、《浙江省实施〈中华人民共和国农村土地承包法〉办法》等法律、法规和国家有关政策的规定，甲乙双方本着平等、自愿、有偿的原则，经双方协商一致，就土地承包经营权转包（出租）事宜，订立本合同。

一、转包（出租）土地基本情况及用途

甲方愿意将其承包的位于_____镇_____村_____组的_____亩土地（详见下表）承包经营权转包（出租）给乙方，从事（主营项目）_____生产经营。

转包（出租）土地基本情况表

序号	地块名称	地类	面积	四至界限 东	南	西	北	原土地承包经营权证或承包合同编号
1								
2								
3								
4								
合计（大写）			亩	（小写）		亩		

二、转包（出租）期限

土地转包（出租）期限为＿＿＿＿年，自＿＿＿＿＿年＿＿＿＿月＿＿＿＿日起至＿＿＿＿年＿＿＿＿月＿＿＿＿日止（最长不得超过土地承包期剩余期限）。甲方应于＿＿＿＿年＿＿＿＿月＿＿＿＿日之前将土地交付乙方。

三、转包（出租）价格与支付方式

转包（出租）价款按下列第＿＿＿＿种方式计算：

1. 每亩每年支付（实物名称）＿＿＿＿公斤，共＿＿＿＿公斤。

2. 每亩每年支付人民币＿＿＿＿元，共＿＿＿＿元（大写：　　　　）

3. 考虑物价等因素的约定：＿＿＿＿＿＿＿＿＿＿＿＿＿＿＿＿。

转包（出租）价款按下列第＿＿＿＿种方式支付：

1. 分期支付：

第一次支付于_____年_____月_____日前支付_____公斤（元）；

第二次支付于_____年_____月_____日前支付_____公斤（元）；

第三次支付于_____年_____月_____日前支付_____公斤（元）；

……

2. 一次性支付：于_____年_____月_____日前全部支付完毕。

3. _____。

四、甲方的权利和义务

1. 甲方与发包方的土地承包关系不变，甲方继续履行原土地承包合同规定的权利和义务。

2. 有权获得土地流转收益的权利，有权按照合同约定的期限到期收回流转的土地。

3. 有权监督乙方合理利用、保护转包（出租）土地，制止乙方损坏转包（出租）土地和其他农业资源的行为，并有权要求乙方赔偿由此造成的损失。

4. 流转土地被依法征收、占用时，有权依法获得相应的土地补偿费和安置补助费。

5. 尊重乙方的生产经营自主权，不得干涉乙方依法进行正常的生产经营活动。

6. 法律法规规定的其他权利和义务。

五、乙方的权利和义务

1. 依法享有生产经营自主权、产品处置权和产品收益权。

2. 维持土地的农业用途，不得用于非农建设。

3. 依法保护合理利用土地，应增加投入以保持土地肥力，不得随意弃耕抛荒，不得损坏农田水利设施，不得给土地造成永久性损害。

4. 依法享受国家和当地政府提供的各种支农惠农政策补贴和服务。

5. 流转期间土地被依法征收、占用时，乙方应服从，但有权获得相应的青苗补偿费和投入建设的地面附着物补偿费。

6. 转包（出租）到期时，及时向甲方交还转包（出租）的土地或者协商继续转包（出租）。

7. 法律法规规定的其他权利和义务。

六、违约责任

1. 因变更或解除本合同使一方遭受损失的，除依法可免除责任外，应由责任方负责赔偿。

2. 甲方非法干预乙方生产经营活动，给乙方造成损失的，应予以赔偿。

3. 乙方逾期支付流转费用，每延迟一天，按应支付费用的_____％承担违约金。

4. 甲方逾期交付土地，每延迟一天，按流转费用的_____％承担违约金。

5. 乙方不按合同约定使用土地，改变土地用途、破坏水利等基本设施或给土地造成永久性损害的，甲方有权解除合同，并由乙方向甲方支付赔偿金。

七、其他约定

1. 本合同订立后，双方应将合同报发包方、乡（镇、街道）农村土地承包管理部门备案；乙方对土地进行再流转，需经得甲方书面同意。

2. 合同期满后，若甲方继续流转该土地的，乙方在同等条件下有优先权；若不继续流转的，乙方对土地进行投入提高地力的，及在当时为生产经营需要而设立的相关设施及地上附着物，能拆除而不影响流转土地生产的，由双方协商采取作价补偿或恢复原状等方法进行处理；如果拆除会降低或破坏流转土地生产的，不得拆除，通过协商折价给予乙方经济补偿。

3. 其他需说明的事项：_____
_____。

4. 本合同在履行过程中发生争议，双方协商解决。协商不成，可以请求村民委员会、乡（镇、街道）人民政府（办事处）调解，不愿调解或调解不成的，可以向农村土地承包纠纷仲裁机构申请仲裁，也可以向人民法院起诉。

5. 本合同自双方签字后生效。经协商，决定_____ ____（是或否）鉴证。未尽事宜，双方经协商一致后可订立补充协议，与本合同具有同等法律效力。

6. 本合同一式_____份，双方各执一份，发包方和乡（镇、街道）农村经营管理部门各备案一份（如有鉴证，相应增加一份）。

甲方（签字）：　　　　乙方（签字）：
身份证号：　　　　　　身份证号：
　年　月　日　　　　　　年　月　日
鉴证单位：（签章）
鉴证人：（签章）
　年　月　日

土地承包经营权互换合同

土地承包经营权互换合同如下：

合同编号：

农村土地承包经营权互换合同

甲方（代表）：_____
住所：_____联系电话：_____

乙方（代表）：_____
住所：_____联系电话：_____

根据《中华人民共和国农村土地承包法》、《农村土地承包经营权流转管理办法》、《浙江省实施〈中华人民共和国农村土地承包法〉办法》等有关法律、法规和国家有关政策的规定，甲乙双方本着平等、自愿、有偿的原则，经双方协商一致，就土地承包经营权互换及相关事宜，订立本合同。

一、互换土地基本情况及用途

甲方将其承包的位于_____
_____等地共_____亩（详见下表），互换给乙方从事（主营项目）_____生产经营。

甲方用于互换土地基本情况表

序号	地块名称	地类	面积	四至界限				原土地承包经营权证或承包合同编号
				东	南	西	北	
1								
2								
3								
4								
合计（大写）			亩	(小写)			亩	

乙方将其承包的位于_____

_____土地共_____亩（详见下表），互换给甲方从事（主营项目）_____生产经营。

乙方用于互换土地基本情况表

序号	地块名称	地类	面积	四至界限				原土地承包经营权证或承包合同编号
				东	南	西	北	
1								
2								
3								
4								
合计（大写）			亩	（小写）			亩	

二、互换期限、交付方式和时间

甲乙双方互换土地期限为_____年，自_____年_____月_____日起至_____年_____月_____日止（最长不得超过土地承包期剩余期限）。

互换土地的交付方式为_____或实地一次性全部交付。交付时间为_____年_____月_____日。

三、互换双方的权利和义务

1. 甲乙双方互换土地后，互换双方均取得对方互换地块的土地承包经营权，丧失自己原有地块的承包经营权。

2. 甲、乙双方土地互换后，对互换土地原享有的承包权利和承担的义务也相应互换。

3. 土地互换后，甲乙双方应报发包方备案，可以向乡（镇、街道）人民政府（办事处）土地承包管理部门申请办理农村土地承包经营权证变更登记手续。

4. 经甲乙双方依法登记获得土地承包经营权证后，可以依法采取转包、出租、互换、转让或者其他符合法律、法规和国家政策规定的方式再流转。

5. 甲乙双方在互换后的地块上具有使用权、收益权、自主生产经营权和产品处置权。

6. 甲乙双方应依法保护和合理利用土地，应增加投入以保持土地肥力，不得使其荒芜，不得从事掠夺性经营，不得擅自改变土地用途，不得给土地造成永久性损害。

7. 因互换地块存在面积、地力、作物等差异，双方可协商约定适当的经济补偿如下：

_____。

四、违约责任

1. 甲乙双方在合同生效后应本着诚信的原则严格履行合同义务。因变更或解除合同使一方遭受损失的，除依法可免除责任外，应由责任方负责赔偿。如一方当事人违约，应向守约一方支付违约金_____元。

2. 如果违约金尚不足以弥补守约方经济损失，违约方应在违约金之外增加支付赔偿金。赔偿金的数额依具体损失情况，由甲乙双方协商。

五、其他约定

1. 如在互换过程中发生经济补偿事项的，可在本合同中明确约定。

2. 因本合同的订立、生效、履行、变更或解除等发生争议时，甲、乙双方可以通过协商解决，协商不成的，可以请求村民委员会、乡（镇、街道）人民政府（办事处）调解，不愿调解或调解不成的，可以向农村土地承包纠纷仲裁机构申请仲裁，也可以向人民法院起诉。

3. 本合同自签订之日起生效。经协商，决定_____（是或否）鉴证。未尽事宜，由双方共同协商补充，并报村和乡（镇、街道）备案，有关补充条款与本合同具有同等法律效力。

4. 其他需要说明的事项：_____。

5. 本合同一式_____份，双方各执一份，发包方和乡（镇、街道）农村经营管理部门各备案一份（如有鉴证，相应增加一份）。

甲方（签字）： 乙方（签字）：

身份证号： 身份证号：

　年　月　日 　年　月　日

鉴证单位：（签章）

鉴证人：（签章）

年　月　日

土地承包经营权转让合同

土地承包经营权转让合同如下：

合同编号：

土地承包经营权转让合同

甲方（转让方）：_____

住所：_____联系电话：_____

乙方（受让方）：_____

住所：_____联系电话：_____

根据《中华人民共和国农村土地承包法》、《农村土地承包经营权流转管理办法》、《浙江省实施〈中华人民共和国农村土地承包法〉办法》等法律、法规和国家有关政策的规定，甲乙双方本着平等、自愿、有偿的原则，经双方协商一致，就农村土地承包经营权转让事宜，订立本合同。

一、转让土地基本情况及用途

甲方愿意将其承包的位于_____镇_____村

_____组的_____亩土地（详见下表）承包经营权转让给乙方，从事（主营项目）_____生产经营。

转让土地基本情况表

序号	地块名称	地类	面积	四至界限				原土地承包经营权证或承包合同编号
				东	南	西	北	
1								
2								
3								
4								

合计（大写）_____亩　（小写）_____亩

二、转让期限

土地承包经营权转让期限为_____年，自_____年_____月_____日起至_____年_____月_____日止（最长不得超过土地承包期剩余期限）。甲方应于_____年_____月_____日之前将土地交付乙方。

三、转让价款与支付方式

转让价款为每亩每年人民币_____元，共_____元（大写：_____）；

考虑物价等因素的约定：_____。

转让价款于_____年_____月_____日前

全部支付完毕。

四、土地承包经营权转让和使用的特别约定

1. 在本合同签订前甲方应当向发包方提出转让申请，并经发包方同意。

2. 转让合同生效后甲方终止与发包方在该转让土地上的承包关系，变更、注销土地承包经营权证。

3. 甲方交付的承包经营土地必须符合双方约定的标准。

4. 乙方必须与发包方签订新的土地承包合同，经依法登记获得转让土地的承包经营权证。

5. 乙方获得土地承包经营权后，不得用于非农建设，不得损坏农田水利设施，不得给土地造成永久性损害。有权依法享有该土地的使用、收益、自主组织生产经营和产品处置权。

6. 乙方必须按时向甲方支付约定的转让费，同时承担与发包方签订的承包合同所约定的义务。

7. 乙方有权享受国家和政府提供的各项支农惠农政策与服务。

8. 土地被依法征用、占用后补偿费的分配约定：_____
____。

9. 其他约定：_____
____。

五、违约责任

1. 乙方不按时支付流转费，每延迟一天，按应支付费用总额的_____%承担违约金。

2. 甲方不按时交付土地，每延迟一天，按流转费用的_____%承担违约金。

3. 因变更或解除本承包合同使一方遭受损失的，除依法可免除责任外，应由责任方负责赔偿。

4. 一方当事人违约，经催告后在合理期限内仍不履行义务的，另一方当事人可以解除合同，违约金不足以补偿经济损失的，还应支付赔偿金。

六、其他约定

1. 本合同在履行过程中发生争议，双方依法协商解决。协商不成，可以请求村民委员会、乡（镇、街道）人民政府（办事处）调解，不愿调解或调解不成的，可以向农村土地承包纠纷仲裁机构申请仲裁，也可以向人民法院起诉。

2. 本合同自签订之日起生效。

3. 经协商，决定_____（是或否）鉴证。未尽事宜，双方经协商一致后可订立补充协议，与本合同具有同等法律效力。

4. 其他需说明的事项：_____。

5. 本合同一式_____份，双方各执一份，发包方和乡（镇、街道）农村经营管理部门各备案一份（如有鉴证，相应增加一份）。

  甲方（签字）：   乙方（签字）：

  身份证号：   身份证号：

   年　月　日   年　月　日

  发包方（章）：   鉴证单位：（签章）

  负责人（签字）： 鉴证人：（签章）

   年　月　日   年　月　日

土地承包经营权入股合同

土地承包经营权入股合同如下：

合同编号：

土地承包经营权入股合同

甲方（入股方）：_____

住所：_____联系电话：_____

乙方（受让方）：_____

住所：_____联系电话：_____

  根据《中华人民共和国农村土地承包法》、《农村土地承包经营权流转管理办法》、《浙江省实施〈中华人民共和国农村土地承包法〉办法》等法律、法规和国家有关政策的规定，甲乙双方本着平等、自愿、有偿的原则，经双方协商一致，就土地承包经营权入股事宜，订立本合同。

一、入股土地基本情况及用途

甲方将其承包经营的位于_____镇_____村_____组_____亩土地（详见下表）向乙方入股，从事（主营项目）_____生产经营。以上入股土地折合股份为_____股或折合金额_____元。

入股土地详细情况表

序号	地块名称	地类	面积	四至界限				原土地承包经营权证或承包合同编号
				东	南	西	北	
1								
2								
3								
4								
合计（大写）			亩	（小写）		亩		

二、入股期限

入股期限为_____年，自_____年_____月_____日起至_____年_____月_____日止（最长不得超过土地承包期剩余期限）。

三、股份分红与支付方式

甲方以土地入股后，乙方可以采取下列第_____种方式支付股权红利。

1. 以实物形式支付。即每亩每年由乙方交给甲方_____公斤（大写：_____）作为股权红利。（填稻谷或者双方议定的其他实物）。

2. 以现金方式支付。即每亩每年由乙方向甲方支付人民币_____元（大写：_____）作为股权红利。

3. 其他方式支付。_____。

四、支付时间

乙方可以采取下列第_____种方式支付股权红利。

1. 提前1年支付，即于上年_____月_____日之前支付，且每年递增_____%（约定不递增的填写零）。

2. 逐年支付，即于每年_____月_____日之前支付，且每年递增_____%（约定不递增的填写零）。

3. 一次性支付，即于_____年_____月_____日之前全部支付完毕。

4. _____

_____。

五、交付土地的时间

甲方应于_____年_____月_____日之前将拟入股的土地交付乙方。

六、权利和义务的特别约定

1. 甲方有权按照合同规定收取股权红利；按照合同约定的期限到期收回流转的土地。

2. 甲方与发包方的土地承包关系不变，甲方继续履行原土地承包合同规定的权利和义务。

3. 甲方有权监督乙方合理利用、保护入股土地，并要求乙方按约履行合同义务。

4. 甲方在土地承包经营权入股后，应报发包方备案。

5. 甲方应尊重乙方的生产经营自主权，不得干涉乙方依法进行正常的生产经营活动。

6. 乙方有权要求甲方按合同的约定交付入股土地并要求甲方全面履行合同义务。

7. 乙方在受让地块上具有使用权、收益权、生产经营权和产品处置权。

8. 乙方应当依照合同规定按时足额向甲方支付股权红利。

9. 乙方的生产经营活动应当符合法律、法规的规定；应当保持土地肥力，不得使其荒芜，不得改变土地用途，不得进行掠夺性经营，给土地造成永久性损害。

10. 其他权利和义务约定：_____
_____。

七、合同到期后地上附着物及相关设施的处理：

1. 在入股期间因投入而提高土地生产能力的处理：
_____。

2. 在入股期间购建的地上附着物及相关设施的处理：
_____。

3. 合同到期土地恢复原状等事项的处理：
_____。

八、违约责任

1. 甲乙双方在合同生效后应本着诚信的原则严格履行合同义务。因变更或解除合同使一方遭受损失的，除依法可免除责任外，应由责任方负责赔偿。

2. 甲方非法干预乙方生产经营活动，擅自变更或解除合同，给乙方造成损失的，应予以赔偿。

3. 乙方不按合同约定使用土地，改变土地用途、破坏水利等基本设施或给土地造成永久性损害的，甲方有权解除合同，并由乙方向甲方支付赔偿金。

4. 乙方不按合同约定支付股权红利的，按应支付红利的_____％承担违约金。甲方不按时交付入股土地的，应按每天_____元承担违约金。如果违约方支付违约金尚不足以弥补守约方经济损失，违约方应在违约金之外增加支付赔偿金。赔偿金的数额依具体损失情况，由甲乙双方协商。

九、其他约定

1. 本合同订立后，双方应将合同报发包方、乡（镇、街道）农村经营管理部门备案；

2. 本合同在履行过程中发生争议，双方协商解决。协商不成，可以请求村民委员会、乡（镇、街道）人民政府（办事处）调解，不愿调解或调解不成的，可以向农村土地承包纠纷仲裁机构申请仲裁，也可以向人民法院起诉。

3. 其他需要说明的事项：_____
_____。

4. 本合同自双方签字后生效。经协商，决定_____（是或否）鉴证。未尽事宜，由双方共同协商补充，并报村和乡（镇、街道）备案，有关补充条款与本合同具有同等法律效力。

5. 本合同一式_____份，双方各执一份，发包方和乡（镇、街道）农村经营管理部门各备案一份（如有鉴证，相应增加一份）。

甲方（签字）：　　　　乙方（签字）：

身份证号：　　　　　　法人代表身份证号：

　　年　月　日　　　　　年　月　日

鉴证单位：（签章）

鉴证人：（签章）

　　年　　月　　日

土地承包经营权委托流转合同

土地承包经营权委托流转合同如下：

合同编号：

土地承包经营权委托流转合同

甲方（受托方）：_____

住所：_____联系电话：_____

乙方（受让方）：_____

住所：_____联系电话：_____

　　根据《中华人民共和国农村土地承包法》、《农村土地承包经营权流转管理办法》、《浙江省实施〈中华人民共和国农村土地承包法〉办法》等有关法律、法规和国家有关政策的规定，甲方受承包人的委托，就土地承包经营权委托流转事宜，经甲乙双方平等协商同意，订立本合同。

　　一、流转土地的状况、流转方式与用途

　　甲方将_____等_____户农户在_____等

地承包经营、面积合计（大写）_____亩的土地，以_____方式流转给乙方，从事_____生产经营。具体见委托流转土地明细表。

二、流转期限

流转期限为_____，自_____年_____月_____日至_____年_____月_____日（最长不得超过土地承包期剩余期限）。

甲方应在_____年_____月_____日交付流转土地，乙方应在合同到期日归还土地。

三、流转价款与支付方式

流转价款按下列第_____种方式计算：

1. 每亩每年支付（实物名称）_____公斤，共_____公斤。

2. 每亩每年支付人民币_____元，共_____元（大写：_____）。

3. 考虑物价等因素的约定：_____。

流转价款按下列第_____种方式支付：

1. 分期支付：

第一次支付于_____年_____月_____日前支付_____公斤（元）；

第二次支付于_____年_____月_____日前支付_____公斤（元）；

第三次支付于_____年_____月_____日前支付_____公斤（元）；

……

2. 一次性支付：于_____年_____月_____日前全部支付完毕。

3. _____。

四、甲方的权利和义务

1. 甲方按委托方的授权权限行使相关权利。

2. 按时向乙方收取约定的流转价款，按时交付约定流转的土地。

3. 监督乙方履行合同规定的各项义务，对乙方违反土地用途等行为有义务制止和检举，有权获得由此造成的损失赔偿。

4. 协助乙方获取国家和当地政府的各项支农惠农政策补贴与服务，提供必要的服务。

5. 支持、配合乙方开展正常的农业生产经营活动，协调好委托方和当地群众关系，协助解决生产经营过程中发生的矛盾，维护乙方合法权益。

6. 有权获取合同约定的土地经营权流转投入补偿。

五、乙方的权利和义务

1. 遵守法律、法规和有关政策，接受当地党委、政府的领导和所在村经济合作社的农业生产管理、指导、服务，不得损害利害关系人和集体经济组织的合法权益，依法享受国家和政府提供的各项支农惠农政策与服务。

2. 按合同约定的土地用途和期限，享有公共设施的使用权，依法享有生产经营自主权、产品处置权和收益权。

3. 按约定支付土地承包经营权流转款和相关费用，按规定交纳水电等有关生产费用。

4. 土地流转期间，乙方将土地进行再流转，必须取得甲方的书面同意。

5. 土地流转到期时，及时向甲方交还流转的土地或者协商继续流转。

六、违约责任

1. 因变更或解除本合同使一方遭受损失的，除依法可免除责任外，应由责任方负责赔偿。

2. 甲方非法干预乙方生产经营活动，给乙方造成损失的，应予以赔偿。

3. 乙方逾期支付流转费用，每延迟一天，按应支付费用的_____%承担违约金。

4. 乙方不按合同约定使用土地，改变土地用途、破坏水利等基本设施或给土地造成永久性损害的，甲方有权解除合同，并由乙方向甲方支付违约金_____元。如果违约金尚不足以弥补守约方及相关当事人一方经济损失的，违约方应在违约金之外增加支付赔偿金。赔偿金的数额依具体损失情况，由有关当事人协商。

七、其他约定

1. 土地流转后，甲乙双方应向发包方和乡（镇、街道）农村土地承包管理部门备案。

2. 乙方为提高土地生产能力而进行设施改建，应征得甲方同意，并将方案报经发包方和上级有关部门审核同意。

3. 乙方应服从国家和集体建设用地需要，支持农业基础建设。土地流转期间土地被依法征收、占用时，乙方应服从，但有权获得相应的青苗补偿费和已投入建设的地面附着物补偿费。

4. 土地流转到期及复耕与恢复原状的责任约定。

5. 其他需要说明的事项。

6. 本协议在履行过程中发生争议，双方协商解决。协商不成，可以请求村民委员会、乡（镇、街道）人民政府（办事处）调解，不愿调解或调解不成的，可以向农村土地承包纠纷仲裁机构申请仲裁，也可以向人民法院起诉。

7. 本协议自双方签字后生效。经协商，决定_____ _____（是或否）鉴证。未尽事宜，由双方共同协商补充，并报村和乡（镇、街道）备案，有关补充条款与本合同具有同等法律效力。

8. 本协议一式_____份，双方各执一份，发包方和乡（镇、街道）农村经营管理部门各备案一份（如有鉴证，相应增加一份）。

甲方（代理人签字、盖章）：　　乙方（签字、盖章）：
　身份证号：　　　　　　　　　　身份证号：
　　年　月　日　　　　　　　　　　年　月　日
　鉴证单位：（签章）
　鉴证人：（签章）
　　年　月　日

（规范性附录）
土地流转经营权证管理

申请原则

土地流转经营权的登记是由申请人自愿向农村土地流转服务组织提出。

管理机关

农村土地流转经营权证由县农业经济局颁发，承办机构为县农村土地流转服务中心。

登记申请人

申请人为流入土地的各类农业生产经营主体。申请人为自然人的，应使用其有效身份证件上的姓名；

申请人为法人和其他经济组织的,应使用其法定名称。

申请人可以委托代理人申请农村土地流转经营权的登记。由代理人申请登记的,除交验代理人的有效身份证明外,还应提交申请人的授权委托书。

登记程序管理

登记程序

登记程序如下:

申请;

受理;

审核;

与拟登记土地的流出方核对;以转让方式流转的,需进行公示;

记载于土地流转登记簿;

发证。

登记材料

A.1.1.1 正常程序登记材料

应提交如下登记材料:

申请人的身份证明;

农村土地流转经营权证登记申请审批表;

农村土地承包经营权流转合同;

土地流转费支付凭证;

采取转让方式流转土地的,需提交发包方同意转让和有关公示的证明材料；

登记机关认为必要的其他材料。

A.1.1.2　再流转登记材料

土地流转经营权发生再流转时，申请经营权转移登记的，应当提交下列材料：

申请人的身份证明；

农村土地流转经营权证登记申请审批表；

拟登记土地原承包方同意再流转的证明材料；

农村土地承包经营权流转合同；

土地流转费支付凭证；

原农村土地流转经营权证；登记机关认为必要的其他材料。

A.1.1.3　变更登记材料

A.1.1.3.1　变更登记情况

发生下列情形之一的，土地经营权利人应在事实发生后申请农村土地流转经营权变更登记：

农村土地流转经营权主体姓名或者名称发生变更的；

登记的土地流转面积增加或者减少的；

土地流转期限发生变化的；

土地流转价格发生较大变化的；

其他需要变更的有关情形。

A.1.1.3.2　变更登记材料

申请人的身份证明；

农村土地流转经营权证；

证明发生变更事实的有关材料；

登记机关认为必要的其他材料。

登记管理

A.1.1.4　自受理农村土地流转经营权登记（含转移、变更）申请之日起，登记机关应当于7个工作日内做出准予登记或不予登记的决定。准予登记的，应当自受理申请之日起60个工作日内，向申请人发放农村土地流转经营权证书。不予登记的，应当书面告知理由。

A.1.1.5　农村土地流转经营权证书与农村土地流转合同记载不一致的，以农村土地流转合同为准。

A.1.1.6　农村土地流转经营权证书破损的，土地经营权利人可以向登记机关申请换发。登记机关换发前，应收回原农村土地流转经营权证书，并将有关事项记载于土地流转登记簿。

A.1.1.7　农村土地流转经营权证书遗失的，土地经营权利人在当地公开发行的报刊上刊登遗失声明后，可申请补发。登记机关予以补发的，应当将有关事项在土地流转登记簿上记载，并在补发的农村土地流转经营权证书上注明"补发"字样。

附录五　村级组织建设规范

前　言

本标准根据 GB/T 1.1—2009 给出的规则起草。

本标准由中共海盐县委组织部提出并归口。

本标准起草单位：中共海盐县委组织部、浙江省标准化研究院。

本标准起草人：袁迎春、陈磊、应珊婷。

本标准为首次发布。

村级组织建设规范

范围

本标准规定了村级组织体制、村务管理、村干部管理、村级队伍管理、中心户管理、"第一书记"管理等基层组织建设相关要求。

本标准适用于村级组织（含2010年撤村建居的社区）的建设及管理。

规范性引用文件

下列文件对于本文件的应用是必不可少的。凡是注日期的引用文件，仅所注日期的版本适用于本文件。凡是不注日期的引用文件，其最新版本（包括所有的修改单）适用于本文件。

DB 330424/T 39《农村社区综合服务中心建设规范》

浙江省人大常委会公告第35号《浙江省村级经济合作社组织条例》

浙江省人大常委会公告第75号《浙江省实施〈中华人民共和国村民委员会组织法〉办法》（2012）

浙委办〔2011〕112号《浙江省村级组织工作规则（试行）》

嘉委发〔2004〕33号《嘉兴市村级组织工作规程》

盐委〔2012〕19号《海盐县加强村级组织建设的若干意见》

术语和定义

下列术语和定义适用于本标准。

三会一课

农村党组织定期召开支部党员大会、支部委员会、党小组会，按时上好党课。

六预审

对私营企业主；小学以下文化程度的；60周岁以上的；开除党籍、退党、自行脱党或党内除名后重新入党的；本人曾有触犯刑律或受治安处罚；本人曾有违反计划生育政策等重大问题的等实行入党预审，在党支部召开党员大会讨论吸收为预备党员之前，要将有关材料逐级报县委组织部预审。

村级组织体制

组织

应包含村党组织、村民委员会、村务监督委员会、村股份经济合作社（含村经济合作社，下同）及共青团、妇女、民兵等组织。

工作职责

村党组织按照党章要求开展工作，发挥领导核心作用，领导和支持村民委员会、村务监督委员会、村股份经济合作社以及其他村级组织依法行使职权。

村民委员会依法办理本村的公共事务和公益事业，调解民间纠纷，协助维护社会治安，向政府反映村民的意见、要求和提出建议。

村务监督委员会负责村民民主理财，监督村务公开等制度的落实，对强农惠农政策落实情况、村民（代表）会议决议执行情况，重大事项民主决策情况，村级各项收支、工程项目招投标等村务管理执行情况进行监督。

村股份经济合作社承担资源管理、开发与利用、"三资"经营与管理、提供股东（社员）生产经营与生活服务、财务管理与分配的职能。

工作机制

村党组织、村民委员会、村务监督委员会、村股份经济合作社以及其他村级组织依据有关法律法规和政策规定，履行具体职责。

建立村务联席会议制度。联席会议讨论研究和商议本村日常工作，对应当由村民（代表）会议表决的重大事项提出意见和具体方案。联席会议由村党组织书记召集并主持，村党组织、村民委员会、村股份经济合作社班子成员参加，不是村党组织班子成员的村务监督委员会主任列席，参加会议人数应超过应到人数的三分之二。

村务管理

议事程序

对涉及村级发展的重大事项，事前实行党员群众建议、村党组织提议、村务联席会议商议、党员大会审议、村民（代表）会议决议，扩大村级民主决策参与面；事中实行村务监督委员会财务监督、民主恳谈会事务监督、村民（代表）会议结果监督，落实群众监督权；事后通过三务公开制度，充分落实群众知情权。重大事项内容按照浙江省人大常委会公告第75号《浙江省实施〈中华人民共和国村民委员会组织法〉办法》（2012）执行。

三务公开

党务公开

村党组织要根据党务公开目录，定期向党员群众公布，重大事项根据实际情况随时公布。党务公开按照DB 330424/T 39 附录A执行。

村务公开

凡涉及村民切身利益的事项及村级重大事项都必须向村民公开，村务公开内容按照DB 330424/T 39 附录A执行。一般的村务事项至少每季度公布一次，涉及村民利益的重大问题以及群众关心的事项应当随时公布。村务监督委员会对村务公开事项进行事先审查。

财务公开

村级财务应做到逐笔逐项公开明细账目，财务收支情况应每月公布一次。财务公开内容按照浙江省人大常委会公告第75号《浙江省实施〈中华人民共和国村民委员会组织法〉办法》（2012）执行。

村级财务管理

村级财务由镇（街道）"三资"代理服务中心统一代为管理。村级财务支出实行财务负责人限额审批制。预算内单项开支3000元以下的由财务负责人审批，3000元（含）以上的由村领导班子集体审批，其中10000元以上的必须形成书面意见；预算外的开支必须提交股东（社员）代表会议讨论，追加预算。审批人本人经手的开支必须确定其他一名负责人交叉审批。

村级资产管理

应按照浙江省人大常委会公告第35号《浙江省村级经济合作社组织条例》执行。

村集体资产对外投资经营，集体资产拍卖、转让或实行各种形式的承包租赁经营等，应由村务联席会议研究提出方案，并提交股东（社员）代表会议讨论通过。村集体一律不得为外单位和个人提供经济担保和出借资金。村集体资产拍卖、转让和承包租赁，应接受农村经营管理部门的指导与监督，须纳入农村产权交易平台，实行公开招标，结果公开。

村级项目管理

村办公设施、道路、桥梁、自来水、农业设施和其他公益事业工程项目的建设和维修，按照《海盐县小型工程建设项目招标简易操作实施细则》（盐政办发〔2013〕92号）等文件执行。村务监督委员会对工程的立项、招投标、质量验收、资金预决算及支付等进行全过程监督。

村干部管理

村干部选配

坚持因地制宜，采取内选、外引、下派等多种方法，注重从农村致富能手、专业合作组织负责人、企业经营者、在外创业能人、退伍军人、大中专毕业生的优秀分子中选拔。每个村建立一支不少于2人的后备干部队伍，通过设岗、挂职等形式，安排后备干部进行脱产或不脱产锻炼，并落实专人帮带。加强对后备干部的跟踪考察，动态调整后备干部人选。

村干部培训

按照分级负责的原则，村党组织书记每年参加县级集中培训，时间不少于3天。其他村干部一般由镇（街道）负责，每年至少轮训1次。实施学分制管理，每年开展1次村干部挂职锻炼。各镇（街道）应建立村干部论坛，每季度组织开展1次村干部学习交流。

村干部监督

实施承诺制度，换届时应提出符合本村发展实际的任期承诺，做出若出现违法违纪、不能正确履职或群众评议差等情形则主动辞职的辞职承诺，每年应根据年度工作目标和民生实事项目做出创业承诺，并抓好三项承诺的兑现。实行离任经济责任审计。村党组织书记每半年向本村全体党员述职，接受现场询问，并与村级组织班子其他成员一起接受本村党员的民主评议。

村干部保障

建立村干部考核评价体系，将村干部报酬与工作实绩挂钩。健全村干部社会保障机制，落实村主职干部基本报酬的财政转移支付，建立村干部定期体检制度。建立村干部表彰奖励机制，定期开展"十佳优秀村干部"评选活动，实行优秀村党组织书记到龄后参照享受事业单位退休人员生活补贴制度。

村级队伍管理

"三小组长"管理

规范党小组长、村民小组长、妇女组长产生程序和履职行为，明确工作职责。加强对"三小组长"的教育管理和培训，根据实际情况完善考核激励机制。村干部应加强与"三小组长"的联系沟通，经常性开展谈心谈话，及时了解思想、工作、生活状况。逐步提高村民小组长、妇女组长中党员的比例，注重培养吸收优秀村民小组长、妇女组长入党，注重把年轻优秀的"三小组长"逐步列为村级后备干部。

党员队伍管理

把好党员进出关,推行党员发展"六预审"和发展纪实责任制度。实施党员先锋指数考评管理,量化党员评议和党员行为积分,建立不合格党员预警、处置机制。严格落实"三会一课"制度和先锋承诺制度,推动党员志愿服务项目化、常态化。

中心户管理

设施设置

中心户基本配置包括标识系统、宣传栏、阅览设施、报纸、杂志、书籍及宣传资料。根据实际需要,可进行文体设施的个性化配置。

资料管理

村级文化管理员对中心户资产、资料进行日常管理,对统一配送到户的设施做好登记造册,定期走访察看设施的使用情况,并引导村民爱护公共财物,文明使用。宣传橱窗由镇(街道)、村及各部门条线共同使用,并提供宣传资料。

工作要求

"第一书记"以中心户为联系点,每月自主确定1个晚上夜访中心户。县级部门在每月10日"基层日"走访结对村的中心户。镇(街道)住夜干部通过半年走访一轮,实现"户户见干部"。村干部落实"三定直联"中心户制度，以"一人联一户"或"一人联两户"实现定点联系，在每月1日、10日、15日、25日晚上到所联系的中心户家中进行现场办公，确保每户每月现场办公不少于2次，每次不少于2小时，实现"党群心贴心"。

动态管理

镇（街道）建立中心户动态管理制度，定期予以适当调整。对作用发挥显著的中心户给予适当奖励。

"第一书记"管理

工作职责

履行指导、协调、服务职责，通过思路上带、工作上带、方法上带，指导村级组织抓实基层组织建设，指导发展壮大村级集体经济，指导推进各项中心工作和阶段性重点任务，夯实农村基层基础。

选派制度

县、镇（街道）联动选派"第一书记"，县级党员领导干部带头，有农村工作经验的县级部门科局级干部和镇（街道）班子成员为主体，实现全覆盖。"第一书记"任职一般应满1年，如遇工作岗位变动，视具体情况再行安排。

工作制度

实施"基层日"制度，"第一书记"每月10日深入到所在村，召开工作例会，围绕各项工作开展议事讨论。实施片组交流制度，片组长牵头每季度开展一次交流活动。实施教育宣讲制度，每半年到村级文化礼堂为党员群众上一次党课，深入开展形势任务宣讲，面对面做群众工作。